Stefanie Bisping

Inspirierende Ausflüge

Kunst und Natur am Niederrhein

Bildnachweis

dpa picture alliance: /Peter Schickert S. 3; /imageBROKER S. 4/5; /Hans-Joachim Rech S. 14; /Horst Ossinger S. 52, 54/55, 67, 102, 105 l., 143; /Otto Noecker S. 64; /akg-images / Brigitte Hellgoth S. 96 u.; /akg-images / Angelika Platen S. 105 Mitte; /dpaweb S. 105 r.; /Monika Skolimowska S. 113; /Eibner-Pressefoto S. 138/139; /Florian Monheim/www.bildarchiv-monheim.de S. 141; Jochen Tack S. 6, 10; Stefan Ziese S. 9, 20, 24, 25, 28, 30, 32, 35, 38, 40, 43, 46, 60, 65, 81 u., 82, 87, 94, 96 o., 100, 101, 103, 106/107, 118, 121, 123, 126, 129, 131, 132, 134/135, 137; Imago: /imagebroker S. 12, 48, 86, 104; /blickwinkel S. 17; /Markus van Offern S. 23; / bonn-sequenz S. 27; /Jochen Tack S. 36, 70; /Hartenfelser S. 50, 57; /Arcaid Images S. 56, 58; /Martin Wagner S. 59; /Shotshop S. 68/69; /Rech S. 74, 78, 80, 91, 110, 127; /Presse-Photo Horst Schnase S. 75; /stock&people S. 76/77, 81 o.; /Robert Poorten S. 84; /Fotostand S. 90; /Werner Otto S. 122, 140; /Eventpress S. 136; Hans Blossey S. 13, 44/45, 62, 89, 98/99, 124/125; NRZ S. 16; Adobe Stock: ©hespasoft S. 18; ©kdw S. 19; ©kristina rütten S. 111 u.; ©Maya-S-Fotografie S. 130; ©thomathzac23 S. 144; Christoph Krey S. 108, 111 o., 114/115; FUNKE Foto Services: /Olaf Fuhrmann S. 42; Matthias Graben S. 72

Bibliografische Information der Deutschen Nationalbibliothek
Die Deutsche Nationalbibliothek verzeichnet diese Publikation in der Deutschen Nationalbibliografie; detaillierte bibliografische Daten sind im Internet über portal.dnb.de abrufbar.

Impressum

1. Auflage März 2022
Layout und Satz: Joachim Bartels
Druck und Bindung: AALEXX Druck Produktion,
Thönser Str. 5a, 30938 Großburgwedel
Umschlaggestaltung: Guido Klütsch
Umschlagabbildung: Jochen Tack
Karte: Die Karte wurde mit Daten von OpenStreetMap erstellt
(www.openstreetmap.org).

ISBN 978-3-8375-2457-4

KLARTEXT

Jakob Funke Medien Beteiligungs GmbH & Co. KG
Jakob-Funke-Platz 1, 45127 Essen
info.klartext@funkemedien.de
www.klartext-verlag.de

Zeichenerklärung

Aussichtspunkt

Sehenswürdigkeit

Wanderstrecke

Naturerlebnis

familienfreundlich

Freizeitspaß

Kulturstätte

Fotospot

Kunstobjekt

Inhalt

Der 2004 aufgestellte „Neue Eiserne Mann“ des Bildhauers Stefan Balkenhol blickt vor dem Moritzkanal in Kleve in die Ferne.

Die Orte im Überblick

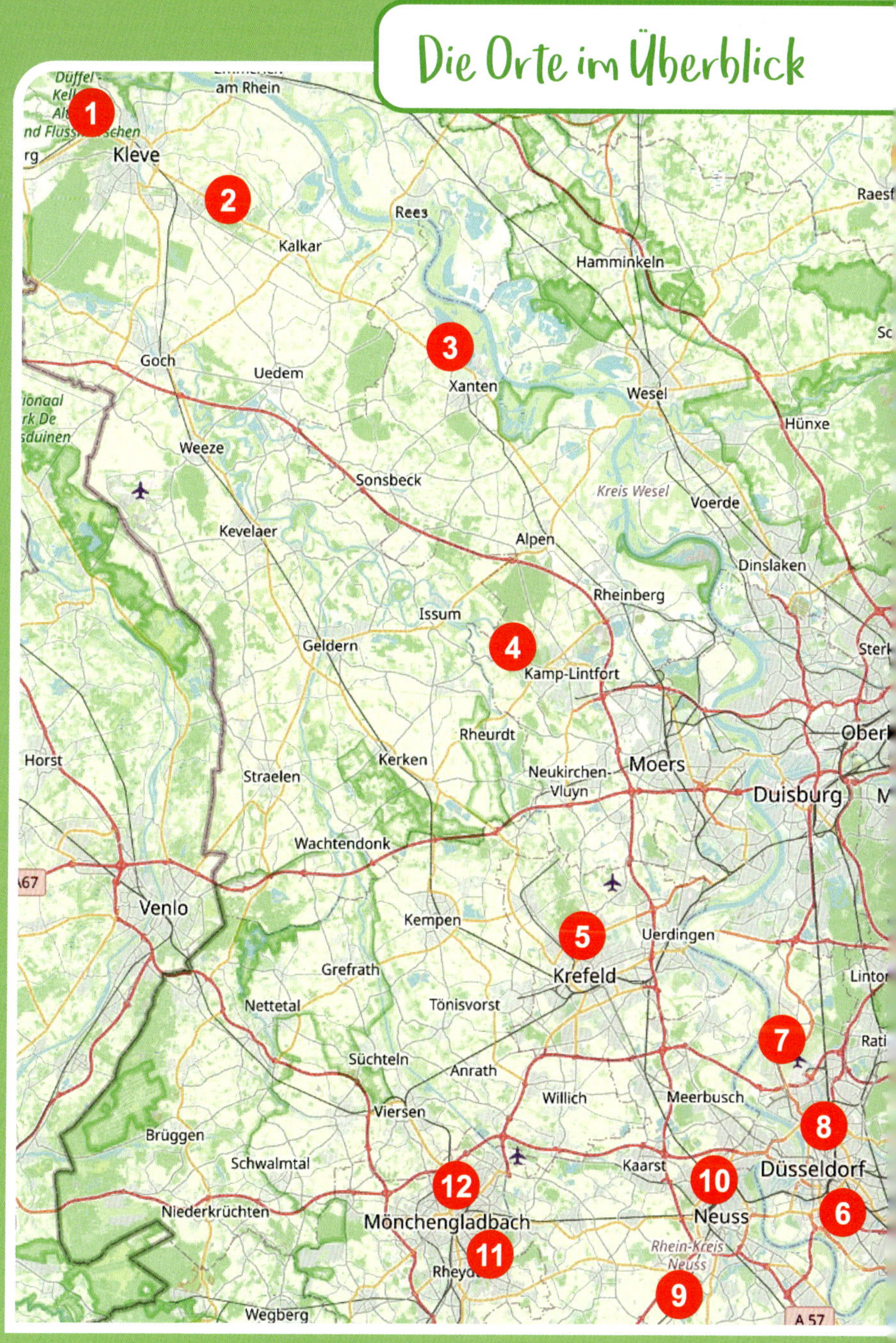

Vorwort

Nichts wie raus: Kunst und Kultur im Grünen

Kunst und Natur im Doppelpack – was könnte schöner sein? Denn sie bedeuten Erholung für Augen, Seele, Geist und Körper. Der Niederrhein besitzt besonders viele Orte, an denen sich schöpferisches Schaffen mit liebevoll gepflegtem oder auch kaum gezügeltem Grün verbindet. Denn seine Landschaften inspirieren nicht nur aufgrund ihrer Schönheit kreative Geister, hier lebten und leben auch einige der wichtigsten Künstler und Kunstförderer der Vergangenheit und Gegenwart. Viele von kunstliebenden Adeligen oder weitblickenden Sammlern zusammengetragene Schatzkammern liegen in oder an blühenden Gärten oder weitläufigen Parks. Ideale Bedingungen also für Streifzüge durch frische Luft, idyllische Landstriche und unendliche Vorstellungswelten. Weder zeitlich noch räumlich sind ihnen Grenzen gesetzt: Am Niederrhein ist von antiker über barocke bis zur zeitgenössischen Kunst und Kultur alles zu finden, die Schätze stammen – trotz starker Impulse der Düsseldorfer Kunstakademie – auch aus fernen Winkeln der Erde.

Die Region Niederrhein wird historisch durch die Gebiete der einstigen Herzogtümer Kleve und Geldern, der Grafschaft Moers und den linksrheinischen Teil des Kurfürstentums Köln oder die ihnen nachfolgenden preußischen Provinzen definiert. Heute machen etwas prosaischer die Kreise Viersen, Heinsberg und Neuss und Städte Krefeld und Mönchengladbach den Mittleren, die Kreise Kleve und Wesel den Unteren Niederrhein aus (einen oberen gibt es nicht). Mancher zählt auch Duisburg, Mülheim, Essen oder den Norden Kölns dazu. Einer durchaus plausiblen These zufolge ist Niederrhein überall dort, wo Altbier getrunken wird. Bei der Wahl der Ziele für dieses Buch war allerdings vor allem die Kunst und nicht so sehr die Vorgaben regionaler Gliederung oder die Schwerpunkte örtlicher Braukunst entscheidend.

Die Strahlkraft der Düsseldorfer Kunstakademie hat keinen geringeren Anteil an Fülle und Vielfalt der niederrheinischen Kulturlandschaft als Baulust und Kunstliebe der einstigen Kurfürsten und Grafen. Insofern darf auch Düsseldorf mit seinem Hofgarten, mit dem romantischen Kaiserswerth und Schloss Benrath nicht fehlen.

Moderne Kunst, historische Schlösser, aber auch die Kultur der Antike sind am Niederrhein oft nahe Nachbarn. Um die Zeitenwende verlief hier eine Schnittstelle zweier höchst unterschiedlicher Kulturen. Den Römern diente der Rhein als Grenze zwischen ihrer Provinz Niedergermanien und dem unbesetzten Germanien. Zahlreiche Spuren römischen Lebens am Niederrhein haben überdauert, zu sehen sind sie etwa im Museum des Archäologischen Parks Xanten. 2021 erklärte die UNESCO den Niedergermanischen Limes zum Weltkulturerbe. Ein Grund mehr, auch den römischen Niederrhein zu erkunden, wenn an strahlenden Frühlings-, warmen Sommer- oder goldenen Herbstwochenenden inspirierende Ausflüge mit Picknickdecke auf dem Programm stehen.

Mit Mataré im Barockgarten
Museum Kurhaus und Neuer Tiergarten in Kleve

Die historische Kurstadt Kleve besitzt Geschichte, prachtvolle Gärten und ein reiches künstlerisches Erbe. Seit dem 18. Jahrhundert kamen wohlhabende Kurgäste hierher, um Mineralwasser zu trinken und durch die wunderschönen Parks zu flanieren. Das Museum Kurhaus besitzt neben der Architektur jener glanzvollen Epoche auch den Nachlass des Bildhauers Ewald Mataré sowie Werke aus Mittelalter, Renaissance und Gegenwart. Matarés Schüler Joseph Beuys, der in Kleve aufwuchs, nutzte das Kurhaus einige Jahre lang als Atelier.

55 Meter maß die Flanierstrecke der Damen und Herren Kurgäste in der Wandelhalle. Dann vollzogen die über den Boden schleifenden Kleider und die klappernden Spazierstöcke eine Wende und es ging 55 Meter zurück. Auf und ab, nicken, lächeln, grüßen, plaudern, wenden. Heute sind hier noch immer Menschen unterwegs, doch ruhen ihre

Anreise Pkw/Parkplatz: A 57 bis Kleve, dann B 9 Richtung Kleve. Kostenfreier Parkplatz am Neuen Tiergarten; das Museum Kurhaus ist 300 Meter entfernt.

Anreise mit ÖPNV: Mit dem Zug bis Kleve Bahnhof, von dort mit SB 58 in drei Minuten bis Forstgarten

Besonderheiten: Prachtvolle Gärten, die weltweit größte Mataré-Sammlung und Kunst vom Mittelalter bis heute

Früher Wandelhalle, heute Ausstellungsfläche: das Museum Kurhaus

Blicke nicht aufeinander, sondern auf den Wänden, an denen zeitgenössische Kunst hängt. 1997 wurden zunächst die 1845 erbaute Wandelhalle und das einstige Hotel des dreiteiligen Kur-Komplexes zum Museum für zeitgenössische Kunst. Seit 2012 ist es nach der Fertigstellung des einstigen Friedrich-Wilhelm-Bads, heute der Joseph-Beuys-Westflügel, vollendet und zählt zu den spannendsten Überraschungen im niederrheinischen Grenzland.

1742 begann Kleve, seinerzeit Bad Cleve genannt, sein Leben als mondäner Kurort, nachdem der Arzt Johann Heinrich Schütte hier eine Quelle bekömmlichen Mineralwassers entdeckt hatte. Die zum Badeleben erforderliche Infrastruktur folgte der Entdeckung so schnell, dass schon 1750 der französische Philosoph und Schriftsteller Voltaire hier Wasser schlürfte und sich in den Gärten erging. Allerdings kannte er die Gegend bereits, nachdem er schon zehn Jahre zuvor den preußischen König auf Schloss Moyland mit einem Besuch beehrt hatte. Jedenfalls schlug Bad Cleve ein wie eine Bombe, wohlhabende Gäste aus Preußen und den Niederlanden flanierten bald dicht an dicht zwischen gezirkelten Rabatten zum Trinkpavillon.

Aus der Vogelperspektive sind Struktur und Symmetrie der Gärten besonders eindrücklich.

Rückschläge durch Revolution und Krieg

Das angenehme Kurleben fand ein jähes Ende, als französische Revolutionstruppen 1794, unterstützt von örtlichen Sympathisanten, die Symbole adeligen Wohllebens zerstörten. Bad Cleve brauchte fünfzig Jahre, um sich von dieser Attacke zu erholen. Dann riss man sich zusammen und baute die klassizistischen Villen an der Tiergartenstraße und eine Wandelhalle nebst Kurhotel – das heutige Museum Kurhaus. Das Friedrich-Wilhelm-Bad kam erst 1872 hinzu. Dieses Mal dauerte das Vergnügen bis zum Ersten Weltkrieg, der das süße Badeleben jäh beendete. Die Gäste kamen nicht mehr, die Gärten wurden vernachlässigt und dem Unkraut überlassen. Die Bomben des Zweiten Weltkriegs erledigten den Rest, und viele Gebäude, die erhalten blieben, wurden nach dem Krieg abgetragen und durch hässliche Neubauten ersetzt. Die eigentlich mittelalterliche Innenstadt Kleves ist noch immer von Bausünden dieser Zeit gezeichnet. Wie durch ein Wunder blieb das Kurhaus verschont. Nach einem Intermezzo als Gefangenenquartier und ab 1946 als Produktionsstätte kam es 1956 auf den Markt. Als sich kein Käufer fand, mietete Joseph Beuys das Erdgeschoss.

Prachtbau im Grünen: das Museum Kurhaus in Kleve

Bis 1964 arbeitete der ehemalige Meisterschüler Ewald Matarés in diesem Atelier. Beuys war in Kleve aufgewachsen. Als Teenager war er bei der Einweihung von Matarés Skulptur „Die Aufbahrung des Helden“ als Ehrenmal für die Gefallenen des Ersten Weltkriegs in Kleve dabei. 1938 wurde die Skulptur von den Nazis zerstört und entfernt. Erst 1977 tauchten Teile wieder auf; vier Jahre später wurde sie restauriert und vor der Klever Stiftskirche aufgestellt. In seinem Atelier im Klever Kurhaus schuf Joseph Beuys später unter anderem das Büdericher Ehrenmal für die Verstorbenen der Weltkriege, sein größtes Werk im öffentlichen Raum, das zugleich seine letzte große Arbeit als Bildhauer ist. So ist Kleve sowohl eng mit Mataré, einem der wichtigsten Bildhauer der klassischen Moderne, und mit Beuys als einem der bedeutendsten Künstler des 20. Jahrhunderts verbunden – und beider Lebenswege sind zudem miteinander verflochten.

Tipp

Voltaire-Weg

Der Voltaire-Weg, der seinen Namen den Besuchen Voltaires in Kleve und auf Moyland verdankt, verbindet die Innenstadt Kleves mit Schloss Moyland. Von der Klever Schwanenburg am Papenberg geht es durch den im 17. Jahrhundert angelegten Prinz-Moritz-Park und vorbei an der Markuskirche bis zum Parkplatz von Schloss Moyland (oder umgekehrt). Der knapp sieben Kilometer lange Weg ist durch Steine markiert. Den Rückweg erleichtert die Buslinie 44.

„Entarteter Künstler“ sucht Zuflucht im Kloster

Ewald Mataré hat der Welt wunderschöne Skulpturen beschert, von denen eine große Zahl im Museum Kurhaus ausgestellt ist, darunter „Mutter und Kind“ aus Amaranth-Holz, die „Reiterbegegnung“ aus

Ewald Mataré

Bronze und der ebenfalls bronzene „Engel". Auch mehr als 400 Holzschnitte, 300 Zeichnungen und rund 200 Aquarelle gehören zu seinem Werk. Geboren wurde er 1885 in Burtscheid, das damals noch nicht zu Aachen gehörte. Er studierte Malerei in Berlin und war kurzzeitig ein Schüler von Lovis Corinth. Später wurde er Mitglied der „Novembergruppe", unternahm zahlreiche Reisen an die deutsche Nord- und Ostseeküste und in Europa und etablierte sich als Bildhauer. 1932 erhielt er einen Ruf an die Düsseldorfer Kunstakademie und zog mit seiner Familie von Berlin nach Meerbusch-Büderich. Schon nach einem halben Jahr im Amt wurde er 1933 von den Nazis aus dem Staatsdienst entlassen. Vier Jahre später galt er offiziell als „entarteter Künstler" und schaffte es mit der Skulptur „Die Katze" in die legendäre Ausstellung „Entartete Kunst" in München. Seine Arbeiten wurden aus deutschen Museen entfernt. Es gelang ihm, sich mit Aufträgen von Kirchen über Wasser zu halten; zeitweise flüchtete er sich in ein Kloster.

Doch schließlich war Nazi-Deutschland geschlagen. Von 1946 – als man ihm zunächst sogar die Leitung antrug, die er aber ablehnte – bis zu seiner Emeritierung 1957 war Mataré als Professor für Bildhauerei an der Kunstakademie in Düsseldorf tätig. Er beteiligte sich zweimal an der Documenta in Kassel und genoss als Künstler internationale Anerkennung. Bis zu seinem Tod am 29. März 1965 lebte er (nach einem ersten Wohnsitz an der Poststraße) in seinem Haus an der Dückerstraße 10 in Büderich, wo seine Schüler Joseph Beuys und Erwin Heerich regelmäßige Gäste waren. Das wäre ein naheliegender Ort für ein Mataré-Museum gewesen. Tochter Sonja Mataré (1926–2020) übergab seinen Nachlass 1988 jedoch dem künftigen Museum Kurhaus, nachdem die Stadt Meerbusch wohl kein gesteigertes Interesse an einem vergleichbaren Projekt gezeigt hatte. Anfang 2021 entschloss sich die Stadt, das Büdericher Haus mit Atelier zu kaufen – mit dem Ziel, es für kulturelle Zwecke zu nutzen.

Alter Park und Neuer Tiergarten

Im Klever Museum sind außer dem Werk Matarés auch diverse Arbeiten von Beuys zu sehen, ebenso wie Siebdrucke von Andy Warhol und Arbeiten von Richard Serra und Robert Indiana. Mittelalterliche Miniaturen, Kupferstiche von Abraham de Bruyn und eine Kunstgewerbe-Sammlung gehören außerdem zu dem facettenreichen Museum, in dem man, gestärkt durch ein Glas Prosecco oder ein Stück Kuchen im Café Moritz, leicht ein paar Stunden verbringen kann. Vor den Fenstern erstrecken sich die historischen Grünflächen, deren ältester Teil aus dem 17. Jahrhundert stammt. Der Neue Tiergarten geht ebenso wie der Alte Park auf der anderen Seite der Innenstadt auf den niederländischen Feldmarschall Johann Moritz von Nassau-Siegen (1604–1679) zurück, der es zum Gouverneur in Brasilien brachte. Nachdem er sich in Brasilien intensiv mit der dortigen Flora beschäftigt hatte, wurde er 1647 Statthalter von Kleve und machte sich an die Planung der Parkanlagen. Er entwarf barocke Gärten mit Terrassen, Alleen, weiten Sichtachsen und

Formschnitt, Tempel und Minerva-Statue im Klever Barockgarten

Wasserflächen wie dem Prinz-Moritz-Kanal im Neuen Tiergarten. Hier befindet sich auch das berühmte Amphitheater am Hang des Springenbergs mit terrassenförmig angelegten Wasserflächen, das von Franz Jakob Rousseau um 1790 in Öl auf Leinwand gemalt im Museum Kurhaus zu sehen ist. Amphitheater und Forstgarten sind Stationen der „Straße der Gartenkunst zwischen Rhein und Maas".

Schneisen sowie sternenförmig vom Sternberg aus angelegte Alleen und Sichtachsen lenken den Blick in Richtung der umliegenden Städte und Sehenswürdigkeiten, so dass der visionäre Statthalter weit über die Grenzen Kleves hinausschauen konnte. Die Struktur des Neuen Tiergartens (an den heute ein echter Tiergarten anschließt) und der weiteren Grünflächen der Stadt ist trotz teils erheblicher Schäden in diversen Kriegen im Wesentlichen erhalten. Von 1976 bis 2004 wurden die Gärten liebevoll restauriert und zeigen sich heute mit dem Obelisken auf dem Springenberg, von dem sich eine schöne Aussicht bietet, mit Brunnen und Tempeln in schönster Pracht. Der Neue Tiergarten ist nicht nur ein Paradebeispiel klassischer Gartenkunst, sondern mit Weihern und dem vielfältigen Baumbestand des Forstgartens auch eine echte Natur-Oase. Mit der Wasserburg Rindern und dem Schloss Gnadenthal wird der Neue Tiergarten durch zwei Landsitze eingefasst. Ebenso wie der Alte Park ist dies ein perfekter Ort, um einen strahlenden Frühlings- oder Sommertag verstreichen zu lassen.

Sichtachsen und Baumreihen: symmetrische Gartenkunst in Kleve

Info

Museum Kurhaus Kleve

Tiergartenstr. 41, 47533 Kleve, www.museumkurhaus.de, Mo. geschl.

In der Nähe

Schwanenburg

Die Schwanenburg ist Kleves Wahrzeichen. Ihre Wurzeln reichen ins 12. Jahrhundert zurück, ihr heutiges Gesicht stammt aus dem 17. Jahrhundert, als der Statthalter des Großen Kurfürsten, Johann Moritz von Nassau-Siegen, die Burg in niederländischem Barock-Stil umgestalten ließ. Heute ist sie Sitz des Amtsgerichts, besitzt aber auch ein kleines geologisches Museum und öffnet weite Blicke auf Stadt und Umgebung.
Schloßberg 1, 47533 Kleve, April bis Oktober tgl. geöffnet, November bis März nur Sa./So.

Gastronomie:

Café Moritz
Schönes Museums-Café für eine schnelle Stärkung zwischen Mittelalter und Mataré.
Öffnungszeit wie Museum

Altes Landhaus im Forstgarten Kleve
Internationale Küche mit regionalen Akzenten in Landhaus-Ambiente mit Aussicht.
Joseph-Beuys-Allee 1, 47533 Kleve, www.restaurant-altes-landhaus-im-forstgarten-kleve.de, Mo./Di. geschl.

Akropolis
Griechische und internationale Gerichte in freundlicher Atmosphäre, einen Kilometer entfernt vom Museum.
Gruftstr. 26, 47533 Kleve, www.akropolis-kleve.de, Mo. geschl.

Besuch bei Beuys
Schloss Moyland
bei Bedburg-Hau

Eine 700 Jahre alte Wasserburg in einem herrlichen Park mit historischem Baumbestand, duftendem Kräutergarten und zahlreichen Skulpturen renommierter Künstler wäre allein schon Grund genug für den Besuch von Schloss Moyland. Doch hinter den Burgmauern verbirgt sich auch noch eine außergewöhnliche, international bekannte Sammlung moderner Kunst. Nicht nur Fans von Joseph Beuys fühlen sich hier dem Himmel nahe. Das Nebeneinander von kunstvoll gezügelter Natur und freier Kunst macht das Schloss einzigartig und einen hier verbrachten Tag unvergesslich.

Keine Frage: Park und Kräutergarten entfalten ihren größten Zauber im Frühling und Sommer. Vor allem die prachtvollen Hortensienbüsche, die den Weg vom Eingang bis zur Wasserburg säumen, bieten in der warmen Jahreszeit mit ihrer Farbpalette von Rosa bis zu kräftigem Blau einen berückenden Anblick. 470 Sorten sind es insgesamt. Dennoch hat ein Besuch des Schlosses Moyland zu jeder

2

Anreise Pkw/Parkplatz: A 57 bis Uedem, dann weiter in Richtung Kalkar. Schloss Moyland ist ausgeschildert. Kostenloser Parkplatz etwa 200 Meter vom Eingang zum Park

Anreise mit ÖPNV: Ab Kleve Hauptbahnhof und Xanten Bahnhof Buslinie 44 bis Schloss Moyland

Besonderheiten: Wasserburg mit 700-jähriger Geschichte; Museum mit moderner und zeitgenössischer Kunst sowie der weltweit größten Beuys-Sammlung. Park mit Skulpturengarten, Kräutergarten und Baumhaus-Spielplatz. Hunde dürfen nicht mitgebracht werden.

Jahreszeit seinen Reiz. Eine niederrheinische Wasserburg macht sich eben auch in typisch niederrheinischem Nieselwetter gut. Dazu wurde sie schließlich gemacht (und zum Schutz vor Feinden natürlich). Ihre inneren Werte, die herausragende Kunstsammlung und die wechselnden Ausstellungen im Schloss verleihen auch dem trübsten Tag Glanz.

Voltaire und Friedrich II. plauderten bis in die Nacht

1307 wurde der Name Moyland erstmals erwähnt. Es gab zahlreiche Besitzerwechsel, bis Friedrich Wilhelm von Spaen das mittlerweile zum Schloss ausgebaute Anwesen 1696 an den brandenburgischen Kurfürsten und späteren preußischen König Friedrich I. verkaufte. Friedrich kam zur Jagd und zur Tändelei mit einer Bürgertochter aus Emmerich. Auch Friedrich II. war häufig auf Moyland anzutreffen und hatte sogar Gelegenheit, Voltaire auf seinem Schloss zu begrüßen. Am 11. September 1740 plauderten König und Philosoph bis spät in die Nacht und träumten davon, auf Moyland eine philosophische Akademie einzurichten. Anlässlich dieses Besuchs soll Friedrich einen Abstecher zum Kloster Kamp gemacht und die dortigen Gärten als Basis für seinen eigenen in Schloss Sanssouci in Potsdam skizziert haben. 1766 gelangte Moyland im Austausch für Kriegsdarlehen an Preußen in den Besitz der Familie von Steengracht, in deren Besitz es bis zum Zweiten Weltkrieg blieb.

Besuch von Winston Churchill

Die Wasserburg veränderte im Lauf der Jahrhunderte in Folge von Krieg, aber auch durch sich wandelnde ästhetische Vorlieben mehrmals ihr Gesicht, wurde in barockem und neogotischem Stil umgestaltet und präsentiert sich heute restauriert im neogotischen Stil. Im März 1945 kam der britische Premier Winston Churchill ins Schloss, wo eine britische Einheit Quartier genommen hatte. Er gehörte zu den letzten, die die historischen Räume intakt erlebten. Erst in den letzten Wochen des Zweiten Weltkriegs, als die Briten das Schloss wieder verlassen hatten, nahm es schweren Schaden und wurde von der Bevölkerung und von kanadischen Soldaten geplündert. Bei dieser Gelegenheit verschwand die Kunst-, Porzellan- und Büchersammlung der von Steengrachts. Nach dem Krieg hatte eine Restaurierung keine Priorität, die Ruine wurde lediglich gesichert. An Churchills Besuch erinnert neben einem Foto im Untergeschoss des Museums eine Mops-Skulptur, die auf dem Fuß des Geländers der Eingangstreppe steht. Denn der legendäre Staatsmann und Literaturnobelpreisträger wurde von seiner Gattin Clementine zärtlich „pug" genannt – Mops. An der anderen Seite wacht ein Wolf, der den scharfäugigen und bissigen Voltaire repräsentieren soll.

Besitzer Gustav Adolf Baron von Steengracht, als Diplomat und Staatssekretär Mitglied der nationalsozialistischen Elite, wurde während der Nürnberger Prozesse verurteilt und später teilamnestiert. 1956 wütete ein Feuer im Schloss, für dessen Erhalt es nun kaum noch Hoffnung zu geben schien. In den Sechzigerjahren entstanden erste Pläne, der Kunstsammlung der Brüder Franz Joseph und Hans van der Grinten hier einen adäquaten Ausstellungsort zu schaffen. Doch es sollte einige Jahrzehnte dauern, bis die am 11. Juli 1990 gegründete Stiftung Museum Schloss Moyland daran ging, das Schloss zu restaurieren und zum modernen Museum umzugestalten. Im Mai 1997 war Eröffnung.

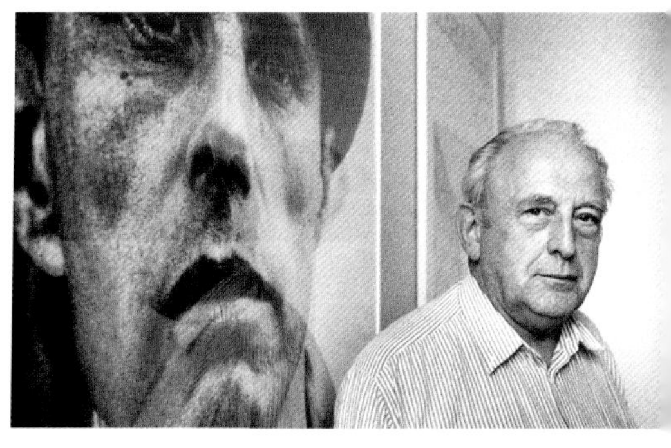

Kunstsammler Hans van der Grinten vor einem Porträt seines Freunds Joseph Beuys

Adrian Nikolaus Adolf Baron von Steengracht und seine Frau Katharina brachten die Gebäude in die Stiftung ein. Hinzu kam die außergewöhnliche Sammlung von Kunst des 19. und 20. Jahrhunderts der Brüder van der Grinten, darunter fast 6000 frühe Werke von Joseph Beuys, den sie seit seiner frühen Schaffensphasen unterstützt und gefördert hatten. So besitzt das Museum Schloss Moyland die größte Beuys-Sammlung der Welt und ist dazu Heimat des Joseph Beuys Archivs des Landes Nordrhein-Westfalen. Die Arbeiten des Künstlers, der zu den bedeutendsten des 20. Jahrhundert gehört, bilden das Herzstück der halbjährlich wechselnden Präsentationen.

Jammer-Sound zwischen Baumhaus und Mausoleum

Auch der nach dem Krieg verwilderte Park wurde restauriert und um einen Kräutergarten ergänzt, der durch ein einst im Schloss aufbewahrtes Kräuterbuch aus dem 15. Jahrhundert inspiriert ist. Heute präsentiert er sich mit gepflegten Alleen, Rasenflächen und Baum-

Kräuterbeete mit Buchsrand

gruppen wieder wie im 19. Jahrhundert. Neu ist der 1997 fertiggestellte Skulpturenpark mit sechzig Werken. Der baskische Bildhauer Eduardo Chillida (1924–2002) ist mit der Skulptur Elkartu vertreten, Erwin Heerich (1922–2004) mit „Großes Pferd“, der 1966 am Niederrhein geborene Bildhauer Thomas Kühnapfel mit „Herzstücke“ – um nur einige zu nennen. Hinter der fabelhaften Baumhauslandschaft zum Spielen und Klettern und neben dem historischen Mausoleum überraschen die Besucher geisterhafte Klagelaute, die indes kein entwischtes Schlossgespenst von sich gibt, sondern die Installation „Jammer-Sound“ von Anatol Donkan. Der Künstler aus dem Bayerischen Wald hat der vom Menschen geschundenen Natur eine Stimme verliehen. Hier ist auch seine Arbeit „Happy Birthday Joseph“ zu sehen, mit der er 2021 den 100. Geburtstag des Kollegen Beuys würdigte.

Am Wasser: „The Spinning Oracle from Delphi“ von James Lee Byars

Begegnung mit Beuys

Joseph Beuys war seiner niederrheinischen Heimat sein Leben lang eng verbunden. 1921 in Krefeld geboren, gehörte er einer durch Nationalsozialismus und Krieg geprägten Generation an. Wenige Monate nach seiner Geburt übersiedelte die Familie nach Kleve. Als Teenager wurde Beuys Mitglied der Hitlerjugend. Während des Kriegs, als er bereits beschlossen hatte, Bildhauer zu werden, war er als Bordfunker bei der Luftwaffe und stürzte 1944 bei einem Einsatz über der Krim ab. Er überlebte schwer verletzt und wurde wenige Monate später wieder eingesetzt. Nach der Kapitulation war er in britischer Gefangenschaft und kehrte im August 1945 nach Kleve zurück. Er war Mitglied des Klever Künstlerbundes, bevor er 1946 sein Studium an der Kunstakademie in Düsseldorf aufnahm. Ab 1951 war er Meisterschüler von Ewald Mataré und teilte drei Jahre lang ein Atelier mit dem Bildhauer Erwin Heerich. Schon zu dieser Zeit organisierten die seit 1946 mit ihm befreundeten Brüder van der Grinten auf dem elterlichen Bauernhof in Kranenburg seine erste Einzelausstellung. Sie unterstützten ihn auch, als er an einer Depression litt, und luden ihn ein, im Sommer 1957 bei ihnen in Kranenburg zu wohnen und zu arbeiten.

Jeder Mensch ist Künstler

1959 erhielt er mit dem Büdericher Ehrenmal für die Toten der Weltkriege in Meerbusch-Büderich seinen ersten großen öffentlichen Auftrag. Zwei Jahre später wurde er Professor für Bildhauerei an der Düsseldorfer Kunstakademie. In dieser Zeit erregte er als Aktionskünstler Aufsehen, wandte sich zugunsten von Objekten und Installationen von der Bildhauerei ab und machte Fett und Filz zu seinen zentralen Ausdrucksmitteln. Seiner Überzeugung, jeder sei ein Künstler, ließ er Taten folgen und öffnete seinen Unterricht für alle, die teilnehmen wollten. Diese liberale Praxis führte trotz seines großen Engagements als Lehrer 1972 zu seiner Entlassung, nachdem

Scharfsichtiger Künstler: Joseph Beuys

er auch alle Schüler in seine Klasse aufnahm, die seine Kollegen abgelehnt hatten – und er mit den Abgelehnten mehrfach das Sekretariat der Akademie besetzte. Johannes Rau, der spätere Landesvater und damals Wissenschaftsminister Nordrhein-Westfalens, entließ ihn fristlos. Trotz öffentlicher Empörung und eines jahrelangen Rechtsstreits Beuys' blieb es dabei; allerdings erhielt er 1980 das Recht, sein Atelier in der Kunstakademie und seinen akademischen Titel bis zum Erreichen des Pensionsalters zu behalten. Doch er verstarb am 23. Januar 1986, wenige Monate vor seinem 65. Geburtstag.

Schon seit seiner Beteiligung an der Documenta in Kassel im Jahr 1964 war er deutschlandweit bekannt. 1976 schaffte er mit der Teilnahme an der Biennale in Venedig auch den internationalen Durchbruch. Beuys war der erste deutsche Künstler, der zu Lebzeiten mit einer Werkausstellung im Guggenheim-Museum in New York City (1979) geehrt wurde – die internationale Kunstwelt lag ihm zu

Im grünen Tunnel:
Skulpturenpark von
Schloss Moyland

Füßen. Nicht nur sein Kunstbegriff, auch sein Verständnis von Freiheit war weitgefasst. In den Siebzigerjahren erschien er vielen so radikal, dass die Grünen ihm, einem Gründungsmitglied der Partei, bei der Bundestagswahl 1983 keinen Listenplatz gaben. Dass seine Kunst auch Jahrzehnte später noch immer fasziniert, verstört oder wenigstens zum Nachdenken anregt, spricht für sie. Schloss Moyland ist der ideale Ort, um den außergewöhnlichen Künstler und sein Werk kennenzulernen.

Info

Museum Schloss Moyland: Am Schloss 4, 47551 Bedburg-Hau, www.moyland.de, Mo. geschl. (Park geöffnet)

Gastronomie:

Rocco‘s Gastronomie
Picknicken ist erlaubt, wer es stilvoller liebt, genießt Süßes oder Herzhaftes im Schlosshof.
Mit Außenplätzen.
Mo. geschl.

L‘Echalote
Sehr gute Küche (Steak, Salate, Pasta) im Restaurant des Golfclubs. Große Terrasse.
Moyländer Allee 1, 47551 Bedburg-Hau, lechalote.de, April bis Oktober Mo. geschl., November bis März Mo., Di. geschl.

Landgasthof Westrich
Vegane, vegetarische oder Wild-Spezialitäten – hier gibt es alles. Schöne Terrasse.
4 km vom Schloss.
Bienenstr. 26, 47551 Bedburg-Hau, www.landgasthof-westrich.de, Di./Mi. geschl.

Picknick mit den alten Römern
LVR-Archäologischer Park in Xanten

Der LVR-Archäologische Park in Xanten ist Deutschlands größtes archäologisches Freilichtmuseum mit einem spannenden, multimedialen LVR-RömerMuseum. Die Überreste der Römischen Stadt Colonia Ulpia Traiana – eine der bedeutendsten römischen Siedlungen in Deutschland – wurden 2021 als Teil des Westgermanischen Limes zum UNESCO-Welterbe erklärt. Stadtmauer, Amphitheater, ein Tempel und eine Herberge wurden teilweise rekonstruiert und bieten eine grandiose Kulisse für Ausflüge mit Picknickkorb.

Halbdunkel ist es im Tunnel des Amphitheaters. Aus der Ferne tönt wütendes Knurren, das sich zum Brüllen steigert. Es sind furchterregende Geräusche, und obschon anzunehmen ist, dass im Gang des Amphitheaters zu Beginn des dritten Jahrtausends keine Wildtiere lauern, verursachen die Bärenlaute bei Zweibeinern ein unbehagliches Gefühl. Zu eindrücklich müssen die Erfahrungen fernster Vorfahren gewesen sein, als dass sich Fluchtinstinkte einfach so

3

Anreise Pkw/Parkplatz: A 57 bis Alpen, von dort 14 km über Bönninghardter Straße, Winnenthaler Straße und B 57. Parkplätze (gratis) an beiden Eingängen (Stadtzentrum und Hafentempel)

Anreise mit ÖPNV: Ab Duisburg per Regionalexpress bis Xanten Hauptbahnhof, von dort zu Fuß in zehn Minuten oder mit Bus SL 42 in fünf Minuten zum Eingang Hafentempel

Besonderheiten: Überreste einer römischen Stadt und Römisches Museum, Teil des UNESCO-Welterbes Westgermanischer Limes

Im rekonstruierten Amphitheater wird die Antike lebendig.

ausschalten ließen. Vorbei an Tafeln und Bildschirmen, die vom unsteten Alltag der Gladiatoren von einst erzählen, von Hinrichtungen in der Mittagspause und speziellen Fachkräften, die mit der heiklen Beschaffung wilder Tiere betraut waren, geht es in die Richtung, aus der das grimmige Brüllen kommt. Und wirklich zeigt sich ein Stück weiter die Silhouette eines ausgewachsenen Bären, der sich hinter einem Gitter aufrichtet. Zum Glück ist es nur eine Projektion an der Mauer, doch sie hilft ebenso wie sein Knurren vom Band, sich in jene Unglücklichen hineinzuversetzen, die hier bei Verurteilung „ad bestias" der Tod durch Tiere in der Arena erwartete. Dank Gefangenschaft, Null-Diät und dem Toben der Menge auf den Rängen brachten diese die notwendige Aggressivität für ein unterhaltsames Gemetzel auf.

Alltag in einem entlegenen Winkel des Römischen Reichs

Neben den multimedialen Elementen ist es die Detailfreude, die die Präsentationen im LVR-Archäologischen Park besonders lebendig und einprägsam machen. Wer hätte schon gedacht, dass die Zuschauer in der Arena, die Platz für 10.000 Menschen bot, Programmhefte auf den steinernen Bänken bereitlagen, in denen Namen und Waffen der Gladiatoren nachzulesen waren? Das Aufziehen von Sonnensegeln, das in Rom, Rimini oder Catania einen zusätzlichen Anreiz zum Besuch von Spielen gegeben haben mag, dürfte am Niederrhein eher unregelmäßig zum Einsatz gekommen sein. Auch wurden in diesem fernen Winkel des Römischen Reichs zum Auftakt der Spiele keine exotischen Tiere gehetzt oder zum Vollzug einer Todesstrafe missbraucht, dafür lag Germanien zu weit weg von Nordafrika. Stattdessen wurden heimische Wildtiere gefangen: Rehe und Hirsche für die Hatz, Bären auch für Hinrichtungen. Sowohl in Xanten als auch in Köln gab es Bärenjäger, die die Tiere lebend fingen. Ob es in diesem Theater auch einmal zu Ausschreitungen kam wie im Jahr 59 nach Christus in Pompeji, ist nicht überliefert. Kaiser Nero, dem die Besucher auf einem Rinnstein im Museum begegnen werden, zauderte nicht lange und ließ das Theater von Pompeji für zehn Jahre schließen; eine Maßnahme, die womöglich auch Zuschauer anderswo zu gesteigerter Disziplin ansporntе.

Das Amphitheater aus Stein, das auf den römischen Überresten teilweise – mit etwa einem Viertel der Ränge – wieder aufgebaut wurde, war das zweite an dieser Stelle nach einem hölzernen Vorgängerbau aus Holz. Sogar die Reste eines Aufzugs fand man, mit dem Kämpfer und Tiere transportiert wurden. Nachdem die Grundmauern bereits in den Dreißigerjahren des 20. Jahrhunderts ausgegraben wurden, wurde das Theater zur Eröffnung des Archäologischen Parks im Jahr 1977 in seiner Originalgröße rekonstruiert und ist seither auch wieder Veranstaltungsort – von Konzerten und von (unblutigen) Gladiatorenspielen.

Seit der Eröffnung des Parks hat sich dort eine Menge getan; die Forschungsarbeiten dauern an und bringen ständig neue Erkenntnisse zutage. Wichtigstes Novum ist indes das 2008 eröffnete Museum im Park, das das ältere außerhalb der Anlage ersetzte. Es befindet sich im Schutzbau über den einstigen Thermen und besteht aus mehreren offenen, durch Rampen miteinander verbundenen Ebenen, die Einblicke in das Geschehen weiter oben oder unten bieten. Schon architektonisch wird es so den Ingenieurleistungen der Römer gerecht.

Römische Legionäre sichern den Niedergermanischen Limes

Ein Dutzend Jahre vor der Zeitenwende, zur Zeit Kaiser Augustus', schlugen römische Soldaten im Rahmen der Römischen Rheinoffensive am dünn besiedelten Niederrhein ein Lager auf. Es war die Geburtsstunde des Legionslagers und militärischen Stützpunkts Castra Vetera auf dem Fürstenberg, einem kleinen Hügel nahe der heutigen Stadt. Wie gewohnt machten sie sich schnell daran, eine Infrastruktur aus Straßen und Wasserwegen anzulegen. Zwei Kilometer nördlich des Lagers entstand in einem (längst verlandeten) Seitenarm des Rheins ein Hafen, über den die Legion versorgt wurde. Bis zur Mitte des ersten Jahrhunderts war Castra Vetera, in dem bis zu 10.000 Legionäre lebten, einer der wichtigsten Stützpunkte des ganzen Römischen Reichs.

Germanen vom Stamm der Bataver wurden angesiedelt, andere kamen freiwillig, denn die Legion und die verkehrsgünstige Lage am Fluss machten aus der jungen Stadt bald einen blühenden Handelsplatz. Die Germanen, die als Selbstversorger in Clans dem kargen Boden das Nötigste abrangen und weder Schrift noch Geld kannten, dürften bei all dem einen ordentlichen Kulturschock erlebt haben. Jedenfalls sollte die Harmonie zwischen Römern und Germanen einen empfindlichen Rückschlag erleiden: Ein Aufstand der nur

Fundamente und
Beckenreste des
antiken Stadtbades

scheinbar befriedeten Bataver im Jahr 69 machte der frühen Blüte ein Ende; sowohl das Lager Vetera als auch die Stadt wurden zerstört. Das ließ Rom nicht auf sich sitzen und stellte die Machtverhältnisse schnell wieder her, zumal der Lauf des Rheins hier den Limes bildete, die Grenze des Römischen Reichs, an der man schon gar keine Scharmützel duldete. Neben dem bereits ein Jahr darauf etwas weiter östlich errichteten Lager Vetera II entwickelte sich schnell auch eine neue Siedlung, die um das Jahr 100 zur Colonia Ulpia Traiana erhoben wurde und sich zur wichtigsten römischen Siedlung im heutigen Deutschland entwickelte.

Wer auf den Nordturm der Befestigung steigt, bekommt aus der Vogelperspektive einen Eindruck davon, wie die Stadt aussah. Denn die Spazierwege folgen den römischen Straßen, die an ihren Seiten gepflanzten Baumreihen illustrieren, wo sich die überdachten Bürgersteige zum Schutz vor niederrheinischem Nieselregen befanden. Die rekonstruierten Gebäude wie das Theater, die Therme (über der heute das Museum ansässig ist) oder die Säulen des Hafentempels haben die Originalmaße aus dem 2. Jahrhundert. Es könnte noch viel mehr sein, hätten sich die Menschen nicht schon im frühen Mittelalter aus den Ruinen der Stadt bedient, um ihre Häuser, Straßen und Kirchen zu bauen. Doch einfacher war an solides Baumaterial kaum zu kommen.

Jenseits des Parks erheben sich die Türme des Doms.

Kultiviertes Großstadtleben im 2. Jahrhundert

Langsam erschließt sich aus den schnurgeraden Alleen, den Überresten von Gebäuden aus der Antike, der langen Stadtmauer mit den Wachtürmen das Leben in dieser 10.000-Einwohner-Stadt. Für westgermanische Verhältnisse eine Großstadt, und dazu eine bunt gemischte. Denn hier leben Menschen aus Italien und Südfrankreich genauso wie einheimische Germanen; Zivilisten mit einem Bewegungsradius von zehn Kilometern ebenso wie Soldaten, die halb Europa durchmessen haben. Menschen, die erstaunliche Ingenieurleistungen vollbringen, sich nach einem langen Tag gerne in der großen Therme entspannen und ab und an Zerstreuung bei den Spektakeln im Amphitheater suchen; die ihren Tonbecher mit ihrem Namen beschriften, die sich Notizen machen und Handel treiben. Es gibt Tempel, Töpfereien, Schmieden und andere Werkstätten, in denen man mit Münzgeld bezahlte, eine Werft, Wohnhäuser aus Stein, Abwasserleitungen und überdachte Bürgersteige. Die Stadt prosperiert, ihr Einfluss reicht weit über die schützende Befestigung hinaus. Denn auch das umliegende Gebiet gehört dazu und reicht bis in den Süden des heutigen Krefeld. Die Germanen werden romanisiert, wie latinisierte Namen auf Grabsteinen beweisen, und mancher Bürger Roms beschließt, sich am Rhein niederzulassen.

Womöglich war es zu gut, um zu dauern. Was genau den Niedergang der Stadt verursachte, ist unklar. Jedenfalls sank ihre Einwohnerzahl im 3. Jahrhundert. Es mag an zunehmenden Überfällen gelegen haben, womöglich auch an einem einzigen vernichtenden Schlag durch die Franken oder auch daran, dass das Flussbett des Rheins sich veränderte und Stadt und Hafen voneinander trennte. Im Jahr 352 wurde sie endgültig von den Franken eingenommen. Wie ihre Bewohner zuvor gelebt hatten, berichtet das LVR-RömerMuseum ebenso anschaulich wie detailreich – von Schmuck und Münzen über lateinisches Stimmengewirr vom Band bis hin zu den Überresten eines Schiffs, das in den Neunzigerjahren gefunden wurde. Es ist so

Die Architektur des RömerMuseums spiegelt die große Eingangshalle des römischen Bades.

informativ und unterhaltsam, dass man hier mehrere Stunden verbringen kann. Der Park besitzt zudem neben einem großen Abenteuerspielplatz auch schöne Picknickplätze, an denen die Zeit genauso angenehm verfliegt. Ob auf einer Bank sitzend oder auf dem Rasen ausgestreckt träumend: Wer ganz genau hinhört, kann ein fernes Murmeln aus der Vergangenheit noch hören. Vielleicht ist es aber auch nur die Brise auf den Blättern.

Info

Archäologischer Park Xanten (APX) und LVR-RömerMuseum, Am Amphitheater, 46509 Xanten. Park und Museum sind von März bis Oktober tgl. 10-18, November 10.00-17.00, Dezember bis Februar 10.00-16.00 Uhr geöffnet.

In der Nähe

St. Viktor-Dom

Das historischen Zentrum Xantens datiert aus dem Mittelalter; zum Bau bediente man sich großzügig an den Überresten der römischen Stadt. Einige Beispiele gotischer Architektur sind erhalten; vor allem der Dom mit seinen 72 und 74 Meter hohen Türmen, der zwischen dem 13. und 16. Jahrhundert erbaut wurde. Sein Namenspatron ist der Märtyrer Viktor von Xanten, der im Amphitheater des Lagers Vetera in der Nähe des heutigen Birten sein Ende fand. Zum Dom (der nie Bischofskirche war) zählen ein Innenhof mit Kreuzgang und eine Stiftsbibliothek. Kurz vor Kriegsende wurde die Kirche stark beschädigt, war aber schon in den Sechzigerjahren komplett wieder aufgebaut. In der Krypta befinden sich Urnen mit der Asche von Opfern des Nationalsozialismus. Im Hochaltar werden die mutmaßlichen Gebeine des heiligen Viktors aufbewahrt. Sehenswert sind auch die 24 weiteren Altäre, die überwiegend aus dem 16. Jahrhundert stammen, sowie steinerne Skulpturen aus dem 14. Jahrhundert.

Gastronomie:

Zur Börse
Schnitzel, Speckpfannkuchen, Dicke Bohnen und Rösti am Marktplatz. Terrasse. Markt 12, 46509 Xanten, zurboersexanten.de, Di. geschl.

Landhaus Köpp
Spitzenküche mit Michelin-Stern. Im Ableger „Filius“ gibt es eine Auswahl preiswerterer Gerichte. Husenweg 147, 46509 Xanten-Obermörmter, landhauskoepp.de, Mo. geschl.

Petersilchen
Vegane Spezialitäten mit asiatischem Einschlag. Klever Str. 23-25, 46509 Xanten, www.petersilchen-xanten.de, im Sommer Mo./Di. geschl., im Winter Mo.-Do.

Schatzkammer und Kräutergarten
Kloster Kamp in Kamp-Lintfort

Ein Brunnen plätschert, über duftenden Beeten schwirren Bienen und Schmetterlinge. Heil- und Küchenkräuter, Lavendel und Rosen, die im Schutz der Kirchen- und Klostermauern prächtig gedeihen, verströmen betäubenden Duft. In der warmen Jahreszeit ist der Kräutergarten eine reine Augenweide – ebenso wie der berühmte Terrassen-, der Alte und der barocke Garten der historischen Abtei. Zeitgenössische Kunst und sakrale Objekte aus der Ära der Zisterzienser in Kamp zeigt die Schatzkammer, das Museum von Kloster Kamp.

Mit einer Garten-Apotheke voller Heilkräuter, Kräutersumpf, dem Sinnespfad und Meditationsbänken verbindet der Kräutergarten Pflanzenvielfalt und Insektenschutz mit Erholung. Dennoch will der Kräutergarten von Kloster Kamp nicht nur erfreuen, sondern auch Wissen vermitteln. So informieren Schilder Interessierte darü-

Anreise Pkw/Parkplatz: A 57 bis Ausfahrt Kamp-Lintfort. Kostenloser Parkplatz Terrassengarten (Mittelstraße), der bei schönem Wetter schnell voll ist. Am Kloster außerdem einige Stellplätze für zwei Stunden

Anreise mit ÖPNV: Ab Duisburg oder Krefeld bis nach Geldern Bahnhof; von dort mit Buslinie SB 30 bis Kloster Kamp

Besonderheiten: Terrassen-, duftender Kräuter- und farbenfroher Barockgarten in historischer Klosteranlage; Museum mit Ausstellung sakraler Objekte sowie wechselnden Kunstausstellungen. Spielplatz

ber, was in den Beeten, die den Elementen zugeordnet sind, wächst und blüht und welchen Nutzen der Mensch aus den Pflanzen zieht. Wer mehr wissen möchte, vertraut sich einer der ehrenamtlich tätigen Kräuterfrauen an. Sie vermitteln bei Führungen neben altem Heilwissen auch Erkenntnisse, wie sich Kräuter in Küche und Hausapotheke nutzen und sich nebenbei Garten und Balkon insektenfreundlicher gestalten lassen.

Wohlduftend: der Kräutergarten von Kloster Kamp

Heilkräuter und Bibelpflanzen

Das Beet „Himmel" repräsentiert die Luft und ist mit Oregano-Majoran, Zitronenmelisse, Thymian und Lavendel für Insekten und Menschen gleichermaßen attraktiv. In der „Erde" sprießen Kräuter, die manche für Unkraut halten: heimische Unkräuter, wie sie schon Hildegard von Bingen verwendete und die heute als wichtige Stützen der traditionellen europäischen Medizin gelten: Spitzwegerich, Eibisch und Brennnesseln. Auch „Feuer" und „Leben", das hier das Wasser vertritt und mit Bibelpflanzen – Feige, Salbei, Lorbeer und Ysop – sowie klösterlichen Heil- und modernen Küchenkräutern besonders reich begrünt ist, werden durch besondere Beeten repräsentiert.

Barocke Gartenkunst am Niederrhein

Rund um den Abteiplatz mit der weiten Rasenfläche gruppieren sich alte und neuere Backsteinbauten und verleihen Kamp den Eindruck einer in sich geschlossenen Welt. Gleich neben dem Backsteinbau des alten Klosters öffnet sich der Blick vom Kamper Berg in die darunter liegenden Gärten. Die am Südhang gelegenen Terrassengärten und die im 17. Jahrhundert angelegte und ab 1740 ausgebaute barocke Gartenfläche darunter wurden nach alten Zeichnungen originalgetreu restauriert, was ihnen die Aufnahme in die Straße der Gartenkunst zwischen Rhein und Maas einbrachte. Fünf Terrassen und eine breite Treppe führen zur untersten Ebene mit einem Springbrunnen in der Mitte und Orangerien an beiden Seiten. Dahinter erstreckt sich der formale Garten. Buchsbaumornamente, zu Kegeln geschnittener Liguster, Pflaumen- und Apfelbäume und saisonale Blütenfluten in gezirkelten Beeten zieren die symmetrisch in französischem Stil angelegte Gartenfläche. In ihrem Zentrum sprudelt ein runder Brunnen, die schnurgeraden Seiten säumen doppelte Reihen von Säulenhainbuchen und ganz außen ein schützender Wall aus Obstbäumen. Struktur und Natur ergänzen sich hier zu einem berückenden Anblick, der Augen und Gemüt beruhigt und die über den Terrassengärten aufragende Kirche und das Kloster perfekt zur Geltung bringt.

Formschnitt und geometrisch angelegte Beete prägen den Barockgarten.

Pflanzen-Geometrie:
Terrassen- und Barockgarten
aus der Vogelperspektive

Saurer Wein und Kriegswirren

Kloster Kamp wurde als erste Zisterzienser-Abtei im deutschsprachigen Raum im Jahr 1123 vom Kölner Erzbischof Friedrich I. gestiftet. 1150 war die erste Klosterkirche fertiggestellt. Für das Kloster sollte die Zeit jede Mengte Schicksalsschläge bereithalten; der Wunsch der Mönche, sich in klösterlicher Abgeschiedenheit Meditation, Gebet und der Anfertigung von Handschriften zu widmen, erfüllte sich nur sporadisch. In der ersten Hälfte des 14. Jahrhunderts sorgten Pest und Missernten für schwere Zeiten, und Quellen berichten, dass auch die Ordensideale unter dem Druck der Ereignisse nachgaben. Auch um die Finanzen war es schlecht bestellt, so dass die Ordensgemeinschaft ihr Weingut bei Koblenz aufgeben musste und somit der Verpflichtung der Zisterzienser zum eigenen Weinbau nicht mehr nachkommen konnte. Sie versuchten sich notgedrungen in Kamp mit dem Weinbau, doch bemängelt ein Chronist im Jahr 1483 in lateinischer Sprache, dass der Kamper Wein bei Tisch „nur Pein" bereite. Trotz dieser Erfahrungen gibt es heute wieder einen Weinberg mit weißen und roten Trauben, der allerdings nur übersichtliche Ernten erbringt.

Schön und schlicht:
die Kirche von Kloster Kamp

Fortan scheint die Disziplin wieder gestärkt gewesen zu sein, denn ab 1481 wurde den ansonsten asketisch lebenden Mönchen bei besonderen Gelegenheiten der Genuss von Fleisch zugestanden. Im 16. Jahrhundert sorgte die Reformation für neue Stürme. Zunächst wurde 1525 ein Tochterkloster der Abtei zerstört, 35 Jahre später übten die zur neuen Lehre übergetretenen Grafen von Berg Druck auf die Abtei aus. 1580 kam es zu einer Spaltung, als der Abt mit einigen Mönchen nach Neuss floh, die übrigen aber im Kloster blieben, bis sie drei Jahre später während des Truchsessischen Kriegs vertrieben wurden. 1585 ließ Adolf von Neuenahr, Graf von Moers, die Abteikirche im selben Krieg zerstören. Übrig blieb nur die Spitze des Chorraums. Kloster und Kirche schienen damit endgültig am Ende zu sein. Erst 1640 kehrten Mönche unter Führung von Abt Petrus Pelonius nach Kamp zurück und bauten die Abtei – 1672 unterbrochen durch neuerliche Kriegswirren – auf den Grundmauern der ersten Kirche wieder auf. Der neue Bau wurde im Jahr 1700 fertiggestellt und bietet bis heute mit seinen anmutigen Turmspitzen auf wuchtigem Bau und der 1714 an der Seite angefügten, achteckigen Marienkapelle einen erfreulichen Anblick.

Das 18. Jahrhundert erlebte die letzte Blütezeit des Klosters. Ab 1740 ließ Abt Franziskus Daniels den Terrassengarten anlegen, der die Grünanlagen des Klosters bis heute prägt. Die Terrassen wurden zum Anbau von Obst und Gemüse genutzt. 1794 brachte die Weltpolitik neue Unruhe, als französische Revolutionstruppen den Niederrhein erreichten. 1802 ließ Napoleon alle Klöster im Rheinland aufheben – auch Kloster Kamp. Aus der Abtei- wurde eine Pfarrkirche, aus dem Infirmarium, der Krankenstation der Mönche, ein Pfarrhaus, die übrigen Bauten des Klosters wurden verkauft oder abgerissen.

Sakrale und zeitgenössische Kunst

Nach einer weiteren klösterlichen Phase von 1954 bis 2002, als ein Konvent der Karmeliter hier ansässig war, leben im Kloster Kamp heute weder Mönche noch Ordensfrauen. Anstelle echten Klosterlebens sorgt ein Verein für spirituelle und kulturelle Angebote, die das Erbe der Anlage erlebbar machen. Zudem kann man hier vor stilvoller Kulisse heiraten, durch die Gärten flanieren und in der Schatzkammer, einem kleinen Museum im ehemaligen Agatha-Stift gegenüber der Abteikirche, neben Wechselausstellungen zeitgenössischer Künstler historische Handschriften und Bücher aus dem

Mittelalter sowie kostbare liturgische Gewänder betrachten. Zu letzteren gehören etwa Pontifikalien aus dem 18. Jahrhundert – Mitra, Schuhe und Handschuhe, wie sie von Bischöfen getragen wurden –, die dank eines 1636 von Papst Urban VIII. gewährten Privilegs auch einige Zisterzienseräbte bei besonderen Anlässen mit dem Abtstab kombinieren durften. Herzstück der Ausstellung ist das Kamper Antependium, ein Altarbehang mit Seiden-, Gold- und Silberfäden auf grünem Seidensamt aus der ersten Hälfte des 14. Jahrhunderts, das als eine der kostbarsten Stickarbeiten aus dem Mittelalter im ganzen Rheinland gilt.

Auch äußerlich attraktiv: das Museum von Kloster Kamp

Info

Kirche und Gärten sind täglich zugänglich. Die Schatzkammer ist montags geschlossen. Geistliches und Kulturelles Zentrum Kloster Kamp, Abteiplatz 13, 47475 Kamp-Lintfort, www.kloster-kamp.eu

In der Nähe

Von der Abtei zur Zeche: Wandern auf dem Wandelweg

Der Wandelweg verbindet das Kloster Kamp mit dem Zechenpark auf dem Gelände der ehemaligen Zeche Friedrich Heinrich. Sowohl die Gärten des Klosters als auch die beiden Parks auf dem Zechengelände waren im pandemiegeplagten Sommer 2020 Schauplätze der Landesgartenschau Kamp-Lintfort. Auf 2,5 Kilometern führt der Wandelweg von der Abteikirche durch die Klostergärten zur ehemaligen Werkssiedlung (Beamtensiedlung), dem Stephanswäldchen und dem Zechenpark. Er verbindet die Stadthistorie Kamp-Lintforts mit einigen der schönsten Flecken der Stadt. Dazu führt er fast durchgängig am Wasser entlang, nämlich vom Kloster aus zunächst an der Fossa Eugeniana – Überrest eines im frühen 17. Jahrhundert begonnenen, aber nie vollendeten Kanals zwischen Rhein und Maas – und der renaturierten Großen Goorley, die ursprünglich ein Entwässerungskanal des Rheins war.

Gastronomie:

Haus Bieger
Gute Küche gleich neben der Abteikirche. Die „Klosterpfanne“ mit Schweinefilet und Champignons ist besonders gut. Auch vegetarische Gerichte. Abteiplatz 11, 47475 Kamp-Lintfort, www.hausbieger.de, Mo./Di. geschl.

Haus Alte Schmiede
Gehobene Küche mit Produkten aus eigener Herstellung. Schöne Terrasse. Abteiplatz 15, 47475 Kamp-Lintfort, hausalteschmiede-klosterkamp.eatbu.com, So.-Di. geschl.

Spenden-Café
Schnelle Stärkung im ehemaligen Refektorium der Mönche. Im Sommer auch Plätze im Klostergarten. Mo.-Fr. 13.00-17.00, Sa. 14.00-17.00, So. 11.00-17.00 Uhr

Bauhaus und Baumgruppen
Häuser Lange und Esters in Krefeld

Der legendäre Architekt Ludwig Mies van der Rohe entwarf die Villen an der Wilhelmshof-Allee im Jahr 1927 für die Krefelder Seidenfabrikanten Hermann Lange und Dr. Josef Esters. Großzügige, geschwungene Vorfahrten erzeugen einen spannungsreichen Kontrast zu den klaren Linien der beiden Villen. Hinter ihnen erstrecken sich auf zwei Ebenen weitläufige Terrassen und ineinander übergehende Gärten, in denen ein Netz gerade Wege die schnörkellose Architektur der Häuser spiegelt. Heute sind die benachbarten Häuser Museen, ihre Gärten zieren Skulpturen zeitgenössischer Künstler.

Die beiden Bauhaus-Villen gehören zum Krefelder Kaiser-Wilhelm-Museum am Joseph-Beuys-Platz und dienen als außergewöhnliche Kulisse für Sonderausstellungen. Schon 1955 hatte Ulrich Lange, Sohn des Bauherrn Hermann Lange, sein Elternhaus dem Kaiser-Wilhelm-Museum für gelegentliche Ausstellungen überlassen. 1968 schenkte er es der Stadt Krefeld, damit hier ein Ort für zeitgenös-

Anreise Pkw/Parkplatz: A 57 bis Krefeld-Zentrum, über Essener Straße und Buschstraße zur Wilhelmshof-Allee. Kostenfreie Parkplätze an der Wilhelmshof-Allee

Anreise mit ÖPNV: Ab Krefeld Hauptbahnhof mit Bus 054 bis Haus Lange

Besonderheiten: Zwei benachbarte Bauten des Architekten Mies van der Rohe mit Ausstellungen zeitgenössischer Kunst; schöne Gartenanlage mit Skulpturen

sische Kunst entstehen sollte. Schnell wurde der Bau dank seiner avantgardistischen Ausstellungen auch international bekannt. 1976 konnte die Stadt das benachbarte Haus Esters kaufen, das 1981 das Ensemble von Ausstellungsorten der Kunstmuseen Krefeld vervollständigte. Die beiden Villen an der Wilhelmshof-Allee sind dabei der Präsentation moderner und zeitgenössischer Kunst vorbehalten. Sie liegen in einer besonders schönen Gegend im Norden der einstigen Textilmetropole Krefeld. Nach dem Besuch der Häuser und ihrer prachtvollen Gärten, deren Skulpturen überwiegend für diese Grünflächen entworfen wurden, lohnen sich ein Spaziergang durch die schön begrünte Nachbarschaft, die von attraktiven Wohnhäusern mit großen Gärten geprägt ist, und ein Abstecher zum nahen Stadtwald.

Haus Esters vom Garten aus betrachtet

Verzicht auf Schrägen und Schwünge

Hermann Lange und Josef Esters waren Direktoren der Vereinigten Seidenwebereien und hatten die nebeneinander liegenden Grundstücke bereits Anfang der Zwanzigerjahre erworben. Dass sie den 1886 in Aachen geborenen Architekten Ludwig Mies van der Rohe –

der zu dieser Zeit bereits seit gut zwanzig Jahren in Berlin lebte – einige Jahre später mit den Entwürfen ihrer Häuser beauftragten, war kein Zufall. Zum einen war der spätere (ab 1930) Direktor des „Bauhaus" in Dessau und prominente Vertreter des „Neuen Bauens" einer der innovativen Köpfe der Zeit und die Unternehmer konnten sich guten Geschmack leisten. Auch war man aufeinander aufmerksam geworden, als der Architekt im Auftrag des in Krefeld ansässigen Vereins deutscher Seidenwebereien das „Café Samt und Seide" für eine Modemesse in Berlin gestaltet hatte. Schon seit dem 18. Jahrhundert schmückte Krefeld sich als Sitz von Seidenwebereien von Weltrang mit dem Beinamen der „Samt- und Seidenstadt". Hermann Lange war außerdem sehr kunstinteressiert und sammelte selbst Kunst; womöglich hatte er den Architekten, der Mitglied der Künstlervereinigung Novembergruppe war, schon vorher im Umfeld avantgardistischer Kunst kennengelernt.

Versenkbare Glasfronten holten den Sommer ins Haus

1928 begann der Bau der Häuser Lange und Esters, drei Jahre später waren die Musterbeispiele der klassischen Moderne fertig. Flachdächer, gestreckte, zweigeschossige Silhouetten, Fassaden aus rötlichem Stein, versenkbare Glasfronten zum Garten und kleinere Fensterreihen zur Straße hin sowie das Fehlen jeglicher Schrägen und Schwünge zeichnen die aus ineinander verschachtelten Quadern bestehenden Bauten aus. Eine gemeinsame Backsteinmauer begrenzt die Grundstücke zur Straße. Die Glasfronten zum Garten ließen Außen- und Innenbereich unmerklich ineinander übergehen; wurden sie versenkt, blieb nur eine niedrige gläserne Brüstung, so dass sich die Gegensätze von Bau und Natur an warmen Sommerabenden auflösten. Damit Häuser und Gärten ganzjährig eine ästhetische Einheit bildeten, wurde Mies van der Rohe auch mit der Gestaltung der Grünflächen beauftragt. Weite, symme-

Terrasse zum Tanzen: Haus Esters und Haus Lange (l.)

trische Rasenflächen, schnurgerade Wege und Beete spiegeln die Linien der beiden Gebäude und schaffen bei aller Schnörkellosigkeit ein Bild großer Harmonie und Ruhe. Die Gärten gehören zur „Straße der Gartenkunst zwischen Rhein und Maas“ und sind, obschon von überschaubarer Größe, aufgrund ihrer Klarheit und des Bestands an wunderschönen alten Bäumen äußerst sehenswert. Erstaunlicherweise war das Ensemble trotz seines prominenten Architekten lange Zeit nicht sonderlich bekannt und geriet erst durch die Nutzung als Museum wieder in den Blick der Öffentlichkeit. Heute gehören die beiden Bauten samt Gärten zu den bedeutenden Arbeiten Mies van der Rohes in Deutschland.

Neues Wohnkonzept mit klaren Linien und weiten Blicken

Kurzes Wohnglück in unruhigen Zeiten

Für die Inhaber von einst begannen bald wechselvolle und zunehmend dramatische Zeiten. Das Ehepaar Lange verließ Krefeld nach nur sieben Jahren in der eleganten neuen Villa 1938 aus beruflichen Gründen in Richtung Berlin. Sohn Ulrich blieb noch weitere vier Jahre, bevor auch er seinem Elternhaus und der Stadt den Rücken kehrte. Der Zweite Weltkrieg bedeutete auch für die Krefelder Seidenindustrie einen Rückschlag. 1943 wurde das Haus Lange durch eine Bombe beschädigt, aber nicht zerstört. Das Haus Esters blieb während des Weltkriegs privater Wohnsitz, bis die britischen Besatzer der Familie 1945 die Nutzung der Immobilie als Wohnhaus entzogen. In den folgenden Jahren bewohnten die Esters das kleine Gartenhaus. Schließlich konnten sie wieder einziehen, bis in den Siebzigerjahren – nach dem Tod des Ehepaars Esters – auch diese Villa in den Besitz der Stadt gelangte und schließlich zum Museum wurde.

Ludwig Mies van der Rohe, seit 1931 Mitglied der preußischen Akademie der Künste und anfangs mit dem NS-Regime auf zumindest neutralem Fuß, wurde 1937 zum Austritt aus der Akademie gedrängt. Im selben Jahr unternahm er eine Reise in die USA, bei der er Kontakte knüpfte und seine Auswanderung vorbereitete. 1938 zog er nach Chicago um und nahm 1944 die amerikanische Staatsbürgerschaft an.

In der Nähe

Kaiserpark mit Krefeld-Pavillon

Der kleine Kaiserpark mit dem von Thomas Schütte entworfenen, achteckigen Krefeld-Pavillon liegt nur eine Ecke von den Häusern Lange und Esters entfernt an der Kaiserstraße. Die begehbare Skulptur wurde 2019 für eine Ausstellung aus Anlass des Bauhaus-Jubiläumsjahres eröffnet. Mindestens bis Ende des Jahres 2023 soll der Bau aus Lärchenholz mit einem geschwungenen Kupferdach als kleiner Ausstellungsort erhalten bleiben (Mo./Di. geschl., Ecke Wilhelmshof-Allee/Kaiserstraße, projektmik.com).

Werke von Richard Serra und Thomas Schütte

Heute schmückt das Rondell vor dem Haus Lange eine überdimensionale Zahnbürste – die Skulptur „Cross Section of a Toothbrush with Paste in a Cup on a Sink", die der schwedische Künstler Claes Oldenburg Anfang der Achtzigerjahre schuf (s. Abbildung links). Die Zahnbürste bildet zugleich die einzige Diagonale im Bereich von Vorderfront und Rondell. Die Fassade schmückt der Schriftzug „Spannung genug / einen Stein zu halten / über dem Rhein" des New Yorker Schrift-Künstlers Lawrence Weiner (1942–2021). Auch die Zufahrt zum Haus Lange ist Standort eines Kunstobjekts, nämlich der „Metrical (Romanesque) Constructions in 5 Masses and 2 Scales VI" des Kanadiers David Rabinowitch. Im Garten sind unter anderem Skulpturen von Thomas Schütte (Bronzefrau Nr. II), Richard Serra (Elevations for Mies) und des in Dublin geborenen Malers und Installations-Künstlers Michael Craig-Martin zu sehen, der mit „Gate (white)" vertreten ist. Es lohnt sich, sich hier Zeit zu nehmen und die Skulpturen in ihrem räumlichen Zusammenhang auf sich wirken zu lassen.

Wie die Villen in ihrem ersten Leben als Privathäuser eingerichtet waren, zeigen erhaltene Schwarz-Weiß-Fotografien. Für die Interieurs war die Designerin und Innenarchitektin Lilly Reich zuständig, die die Häuser von der Beleuchtung bis zu den Einbauschränken ausstattete. Im Haus Lange war außerdem die Kunstsammlung von Hermann Lange ein prägendes Gestaltungselement. Die eindrucksvollen Ausblicke, die beide Villen boten, sind überall dort zu erkennen, wo die Fenster nicht zum Schutz der Exponate verhängt sind. Doch die weiten, verschachtelten Räume und die Parkettböden lassen die einstige Wohnatmosphäre noch erahnen und bringen zudem Kunstobjekte wirkungsvoll zur Geltung.

Info

Haus Lange / Haus Esters, Wilhelmshofallee 91-97, 47800 Krefeld, kunstmuseenkrefeld.de, Mo. geschl.

In der Nähe

Stadtwald

Auch der Stadtwald ist in wenigen Gehminuten erreicht und ideal zum Spielen, Spazierengehen, Bootfahren und Träumen im Grünen und am Wasser. Neben mehreren Restaurants sind hier auch ein Golfclub und die Kunstgalerie Roter Fuchs – Atelier am Wald (Hüttenallee 150) ansässig.

Gastronomie:

Stadtwaldhaus
Wunderschöner Biergarten mit guter Küche im Stadtwald. Hüttenallee 108, 47800 Krefeld, www.stadtwaldhaus.de, April bis September tgl.

Vernaleone
Pasta, Pizza und Carne am Rande des Stadtwalds. Hüttenallee 106, 47800 Krefeld, www.vernaleone-krefeld.de, tgl.

Villa Medici
Fünf Fahrminuten entfernt liegt die Villa Medici mit sehr guter italienischer Küche und schönem Garten. Schönwasserstr. 73, 47800 Krefeld, www.villa-medici-krefeld.de, So. geschl.

Lustschloss mit Tieren und Gärten

Schloss Benrath in Düsseldorf

Seine Wurzeln hat Schloss Benrath im Mittelalter. Seit dem 12. Jahrhundert war es im Besitz der Grafen von Berg. Kurfürst Jan Wellem und seine zweite Gattin Anna Maria Luisa de Medici nutzten das 1660 von Jan Wellems Vater im Stil der Renaissance umgestaltete Schloss als Sommerresidenz. Kurfürst Carl-Theodor von der Pfalz riss im 18. Jahrhundert alles ab und baute neu. Nach vierzehn Jahren Bauzeit war das schmucke Schloss fertig. Das symmetrisch angelegte Barockschloss mit 80 Zimmern, zwei Lichthöfen und fünf Etagen und der Park mit Weihern und Wasserspeiern bilden noch heute einen so harmonischen Anblick wie bei ihrer Vollendung 1771. Neben den historischen Gemächern beherbergt es heute sehenswerte Ausstellungen.

Das fürstliche Paar, dem das heutige Ensemble aus Schloss und Park zu verdanken ist, hatte selbst nur wenig von seinem schicken Neubau, dessen Fertigstellung sich durch Kriegswirren in die Länge

Anreise Pkw/Parkplatz: A 59 oder A 46 bis Ausfahrt Benrath. Kostenlose Parkplätze an Regerstraße und Pigage-Allee

Anreise mit ÖPNV: Von Düsseldorf Hauptbahnhof mit S-Bahn 6 oder U 79 bis Werstener Dorfstraße und mit U 71 bis Schloss Benrath

Besonderheiten: Eindrucksvolles Schloss mit originaler Innenausstattung und Museen für Gartenkunst und Tier-Skulpturen sowie kostenfrei zugänglichem Park mit See

gezogen hatte. Kurfürst Carl-Theodor und seine Gattin Elisabeth Auguste besuchten das vom französischen Architekten und Gartengestalter Nicolas de Pigage entworfene Lustschlösschen jeder nur einmal; Carl-Theodor unternahm 1785 lediglich eine Tagestour von Düsseldorf nach Benrath. Kurfürstin Elisabeth Auguste blickte bei ihrem Besuch von ihrer Zimmerflucht im westlichen Teil des Schlosses – die Gemächer des Gatten lagen im Ostflügel – auf einen französischen Barockgarten. Seine kunstvolle Gestaltung wich später den Englischen Gärten, die einer scheinbar natürlichen Landschaft kunstvoll nachgebildet sind.

Zu Beginn des 19. Jahrhunderts war das Schloss sieben Jahre lang die offizielle Residenz der Großherzöge von Berg und Kleve. In diesen Jahren war Düsseldorf die Hauptstadt ihres Staats, zu dem auch das ferne Fürstbistum Münster gehörte. Nach dem Wiener Kongress fiel das Schloss 1815 an Preußen. Später kamen außer Kaiser Wilhelm I., der 1877 hier abstieg, auch prominente Literaten in den Genuss eines Besuchs, unter ihnen Theodor Fontane und Thomas Mann. 1911 erwarb die Gemeinde Benrath das Haus, die zehn Jahre später in die Stadt Düsseldorf eingemeindet wurde. Nachdem es lange der sehr ansehnliche Sitz eines Gymnasiums war, ist seit dem Jahr 2000 eine Stiftung für Nutzung und Verwaltung von Schloss Benrath zuständig.

Auch Elizabeth II. kennt Schloss Benrath

Neben dem makellosen Exterieur sind auch Parkettböden, Fresken und Stuckarbeiten aus dem 18. Jahrhundert teilweise erhalten oder wurden nach dem Zweiten Weltkrieg, der an der Bausubstanz nur relativ geringe Schäden hinterließ, originalgetreu restauriert. Der Einblick in die Wohnkultur des Adels im 18. und 19. Jahrhundert macht den Besuch des Schlosses ebenso lohnend wie die Ausstellungen, die hier zu sehen sind. Auch die erlesene, im Corps de Logis,

Königin Elizabeth II. und Prinz Philip (ganz r.) im Schloss Benrath

dem Wohnhaus, untergebrachte Porzellansammlung illustriert den Lebensstil der Aristokratie im 18. Jahrhundert. Zur Uhrensammlung gehört unter anderem eine Uhr, die mit den zur Tageszeit passenden Gesängen der im Schlosspark heimischen Vögel die Zeit anzeigt. Nebenbei kommt Schloss Benrath noch immer gelegentlich seiner ursprünglichen Bestimmung als Kulisse für glanzvolle Anlässe und Empfänge des Hochadels nach. Neben Staatschefs wie Michael Gorbatschow waren sogar Königin Elizabeth II. und Prinz Philip hier anlässlich eines Besuchs in Nordrhein-Westfalen zu Gast.

Grenzgänge zwischen Kunst und Naturwissenschaft

Außergewöhnlich ist das Naturkundemuseum im Westflügel zum einen durch seine Darstellung der regionalen Fauna und Flora in der ersten Hälfte des 20. Jahrhunderts, zum anderen durch die Pallenberg-Sammlung mit 575 Tierplastiken aus Ton, Gips, Steinguss und Bronze. Der gebürtige Kölner Josef Pallenberg (1882–1946) interessierte sich schon als Kind für Tiere, zeichnete sie im Zoo und besuchte später die Kunstakademie in Düsseldorf. Schon um die Wende zum 20. Jahrhundert schuf er seine ersten wichtigen Werke, für die er bald Anerkennung erhielt. So war er nach einer ersten Ausstellung in Düsseldorf 1902 zwei Jahre später auf der „Großen Berliner Kunstausstellung“ mit sechzehn Tierplastiken vertreten. Für einen Anfangzwanziger ein beachtlicher Erfolg, den er schnell ausbaute. 1907 erhielt er bei der Nationalen Kunstausstellung für seinen „Rominter Brunfthirsch“ eine Staatsmedaille. Eine Kopie

der Plastik steht im Düsseldorfer Hofgarten. Später schuf der Bildhauer das Hauptportal des Hamburger Tierparks sowie zahlreiche Rekonstruktionen von Sauriern – in Originalgröße. Zudem erhielt er Aufträge von Zoos wie von Museen in den USA und Argentinien. Scheinbar mühelos gelangen Josef Pallenberg Grenzgänge zwischen Naturwissenschaft und Kunst.

Nicht ohne meinen Löwen

Seine Arbeiten im Benrather Museum beweisen, dass Pallenberg nicht nur außerordentliches Talent besaß, sondern auch viel Zeit und Energie in Beobachtung und Studium seiner Sujets investierte, um sie echt, fast lebendig gestalten zu können. Tatsächlich hielt er schon in seinem Kölner Atelier einen zahmen Wolf und eine ebenfalls friedliche Löwin, um die Bewegungen der Tiere intensiv studieren zu können. Vor diesem Hintergrund ist nicht überraschend, dass Pallenberg es schwierig fand, Wohnungen zu mieten. Schließlich wurde er in Düsseldorf-Lohhausen fündig, das seinerzeit etwas abgeschieden lag. Die Skizzen, Tierpräparate und -knochen, die der Künstler ebenfalls hinterließ, befinden sich im Düsseldorfer Aquazoo.

2500 Jahre Gartenkunst und -geschichte

Herausragend ist das Museum für Gartenkunst, das auf 2000 Quadratmetern Ausstellungsfläche im ehemaligen Gäste-, Dienstboten- und Wirtschaftsflügel 2500 Jahre Gartengeschichte und alle Facetten strukturierten Grüns aufrollt: Heil- und Gewürzkräuter, florale und architektonische Modeerscheinungen, rare und exotische Pflanzen, die Planung von Gärten sowie Skulpturen und Kunstobjekte als Ergänzung zum gepflegten Grün werden anhand von Gemälden, Skulpturen, Zeichnungen und Grafiken, Porzellan und Büchern dokumentiert und erklärt. Schon in der Antike liebten die Menschen, die es sich leisten konnten, die gezügelte Natur des Gartens und nutzten ihn außer zum Anbau auch als erholsamen Aufenthaltsort. Auch die Gartenanlagen des Schlosses selbst werden hier erläutert und geben einen Einblick in die Bedeutung der Gartenkunst im 18. Jahrhundert. So spannend diese Ausstellung nicht nur für Garten-Fans ist, so schön ist es, in die reale Gartenwelt von Schloss Benrath einzutauchen.

Skulpturen im Schlosspark

Ihre 60 Hektar Fläche bestehen zum Teil aus gezirkelten Beeten, kunstvollem Formschnitt und Buchs-Kugeln, zum Teil aus weniger berührten Bereichen, die Tieren eine städtische Zuflucht bieten. Der Spiegelweiher bildet als lange, schmale Wasserfläche eine Achse des Parks. Effektvoll angeordnete Baumgruppen, Wasserflächen, Brückchen, Wiesen, im Frühling wunderschön blühende Azaleen und Rhododendren, sternenförmig auf ein rundes Rasen-Rondell in der Mitte zulaufende Spazierwege und ein Spielplatz verbinden optischen Genuss und Abwechslung. Auf Bänken oder Rasenflächen kann man in der warmen Jahreszeit unter blühenden Bäumen picknicken. Wer noch weiter laufen möchte, schlägt den Weg zum Rhein ein.

Die rosafarbene Fassade, weiße Flügeltüren und aufwendiger Schmuck machen Schloss Benrath zum Kleinod.

Info

Öffentliche Führung Sa./So. 12.00, 14.00 und 16.00 Uhr, Dauer 75 Minuten. Kleingruppen (maximal acht Personen) können Themenführungen buchen, z.B. zur literarischen Geschichte des Schlosses, über verborgene Schätze oder versteckte Räume. Ebenfalls buchbar ist eine einstündige Gartentour. Der Park ist jederzeit öffentlich zugänglich.
Schloss Benrath, Benrather Schlossallee 100-106, 40597 Düsseldorf, www.schloss-benrath.de

Natur-Oase: kaum berührte Landschaft am Rheinufer

In der Nähe

Urdenbacher Kämpe und Römisches Museum

Von Schloss Benrath schnell erreicht ist das Landschaftsschutzgebiet Urdenbacher Kämpe mit schönster Natur, das sich am Rheinufer erstreckt (Parken auf dem Wanderparkplatz Piels Loch am Baumberger Weg). Mit einer Fläche von 316 Hektar ist es das größte Naturschutzgebiet in Düsseldorf. Das Gebiet ist nicht eingedeicht und wird vom Rhein regelmäßig überflutet. Rheintypische Auenlandschaft mit Feuchtwiesen und Kopfweiden sowie Birnen- und Apfelhainen bilden eine schöne Kulisse für Spaziergänge. Ein Weg verläuft nördlich vom Altrhein. Der Fluss schuf erst nach einem schweren Hochwasser im 14. Jahrhundert sein heutiges Bett. In der Kämpe liegen das Römische Museum und die Biologische Station Haus Bürgel auf den Überresten eines römischen Kastells. Das Römische Museum ist Teil des 2021 zum Weltkulturerbe ernannten Niedergermanischen Limes. Urdenbacher Weg, 40789 Monheim am Rhein, hausbuergel.de, Sa./So. 10.00-18.00 Uhr

Gastronomie:

Altes Fischerhaus
Stilvolles Restaurant mit sehr guter Küche (nicht nur Fisch), Rhein-Blick und Terrasse.
Am Alten Rhein 83, 40593 Düsseldorf, www.altes-fischerhaus.de, Mo./Di. geschl.

Lindenhof
Steaks, Pasta und (saisonal) Wild nahe der Orangerie.
Terrasse mit Blick auf den Schlosspark.
Urdenbacher Allee 33, 40593 Düsseldorf, www.lindenhof-benrath.com, Mo. geschl.

Pane e vino
Gute italienische Küche und kleine Terrasse wenige Gehminuten vom Schloss entfernt.
Friedhofstr. 7, 40597 Düsseldorf, pane-e-vino-benrath.eatbu.com, So. geschl.

Zeitreisen mit Mönch und Menhir
Kaiserpfalz Kaiserswerth in Düsseldorf

Der mit rund 1300 Jahren älteste Teil des heutigen Düsseldorfs liegt idyllisch an einer weiten Biegung des Rheins. Schon im 7. Jahrhundert gab es hier auf einer Insel im Rhein ein Kloster, später entstand auch eine Festung. Seit ihrer Zerstörung 1702 ist die Kaiserpfalz eine Ruine, doch Kaiserswerth blieb bedeutsam – als Standort des Kaiserswerther Menhirs, der mindestens 3500 Jahre alt ist, als Ausbildungsort von Florence Nightingale und nicht zuletzt als malerischster Teil der Stadt.

Seit 1929 ist Kaiserswerth ein Teil der Stadt Düsseldorf. Es liegt auch an seiner langen und ereignisreichen Geschichte, dass knapp hundert Jahre nicht das Bild und den Charakter einer autarken kleinen Stadt auszulöschen oder auch nur zu verändern mochten. Schiefes Kopfsteinpflaster, niederrheinische Barockbauten mit geschwungenen Giebeln und Hochparterre als Hochwasserschutz, mächtige alte Bäume am Rheinufer, inhabergeführte Geschäfte und eine hochentwickelte Gastronomie nur ein paar Meter vom Fluss entfernt machen

Anreise Pkw/Parkplatz: Über die B8N bis Ausfahrt Kaiserswerth, von dort in Richtung Fähre. Kostenloser Parkplatz an der Straße An St. Swidbert

Anreise mit ÖPNV: Ab Duisburg und Düsseldorf mit U 79 bis Kittelbachstraße oder Klemensplatz, von dort zu Fuß in zehn Minuten zum Rhein

Besonderheiten: Ein Menhir als ältestes Denkmal Kaiserswerths und Düsseldorfs; Basilika St. Suitbertus mit dem wichtigsten Reliquienschrein des Niederrheins

es schwer zu entscheiden, ob Kaiserswerth fest in der Vergangenheit verwurzelt oder seiner Zeit einfach weit voraus ist. Jedenfalls ist der zehn Kilometer vom Stadtzentrum Düsseldorfs entfernte Ort außerordentlich attraktiv. An schönen Sommerwochenenden wird es hier voll, und wer sich fürs Rad oder öffentliche Verkehrsmittel entscheidet, muss keine Lebenszeit in die Parkplatzsuche investieren.

In Kaiserswerth erzählt jeder Winkel Geschichten.

Per Schiff nach Kaiserswerth

Besonders malerisch ist die Anreise vom linken Rheinufer mit der Fähre, die Kaiserswerth mit dem ländlichen, zur Stadt Meerbusch gehörenden Langst am Rheinkilometer 755,1 verbindet. Der flache Bogen des Rheins ermöglichte hier schon früh eine Querung des Flusses, was zur strategisch und wirtschaftlich günstigen Lage Kaiserswerths beitrug. Schon im Mittelalter existierte sogar eine Fährverbindung, die allerdings länger brauchte als die heutige, 1993 vom Stapel gelaufene Motorfähre Michaela II. Sie bietet außer Spazier-

Anreise mit der Fähre

gängern, Wanderern und Radlern 27 Autos Platz. Früher bedeuteten ihre flinken Flussquerungen eine spürbare Erleichterung des Berufsverkehrs zwischen beiden Seiten; seit die A 44 in Flughafennähe den Rhein überbrückt, gehört die Fähre vor allem Ausflüglern und linksrheinisch heimischen Schülern der beiden Kaiserswerther Gymnasien. Vom Anleger geht es gleich auf die schöne Promenade, in den Ort – und über die Ruinen der Kaiserpfalz in die Vergangenheit.

Ein angelsächsischer Abt am Rhein

Noch vor der Burg existierte hier ein Kloster. Es lag auf einer Insel – einem „Werth“. Auf ihr begründete der angelsächsische Mönch und

Romantische Ruine: die Überreste der Kaiserpfalz

Spazierweg in Kaiserswerth

Missionar Suitbertus, auch als Swidbert bekannt, um die Wende zum 8. Jahrhundert mit einigen Glaubensbrüdern ein erstes Kloster samt Kirche, dessen Abt er wurde. Swidbert und seine Mitbrüder hatten zuvor bereits am Rhein missioniert, wurden aber von den Sachsen bedroht. Der fränkische Hausmeier Pippin der Mittlere und seine Frau Plektrud überließen ihm daraufhin die Insel im Fluss, wo sie das erste Kloster im Bereich des heutigen Erzbistums Köln errichteten. Swidbert blieb noch einige Zeit, sich daran zu erfreuen, bevor er im Jahr 713 das Zeitliche segnete. Über seinem Grab wurde später eine große Kirche erbaut, die heutige Basilika. Dass hier schon rund 2000 Jahre vorher Menschen lebten, beweist bis heute der Kaiserswerther Menhir. Er stammt aus dem Zeitraum zwischen 1500 bis 2000 vor Christus und behält die meisten seiner Geheimnisse für sich.

Stürmische Zeiten und kaiserlicher Glanz im Mittelalter

Das Kloster wurde im 11. Jahrhundert zum Stift. Um diese entstand eine Burg, die strategisch günstig an einem Rheinübergang mit weitem Blick über den Fluss lag. Heinrich III. gründete 1045 die Kaiserpfalz in Kaiserswerth. Sie war nicht nur weithin bekannt, sondern auch berüchtigt, nachdem der Kölner Erzbischof Arno mit Unterstützung einiger Fürsten im Jahr 1062 den minderjährigen König Heinrich IV. aus der Kaiserpfalz entführte und an seiner Stelle das Heilige Römische Reich regierte – eine skrupellose Kombination aus Kindesentführung und Staatsstreich. Im 12. Jahrhundert war ebenfalls einiges los. 1145 wurde Kaiserswerth Reichsstadt unter König Konrad III. 29 Jahre später verlegte Kaiser Friedrich I., auch als Barbarossa bekannt, den Rheinzoll nach Kaiserswerth und errichtete die Kaiserpfalz als mächtiges Bollwerk und Symbol seiner Macht neu. Das bedeutete nicht, dass Kaiserswerth die Hauptresidenz des Kaisers aus dem Adelsgeschlecht der Staufer war; im Mittelalter (und noch lange danach) zogen Monarchen üblicherweise von Burg zu Burg. In Zeiten ohne Medien musste der Monarch sich zeigen, um die Untertanen an seine Existenz zu erinnern. Außerdem brauchte ein Hof mit Gefolge zumeist mehr Vorräte, als ein Wohnsitz auf Dauer hergab. So besuchte der Kaiser seine Kaiserpfalzen bei seinen Reisen durchs römisch-deutsche Reich.

Eine Insel wird zum Rheinufer

Im 13. Jahrhundert sorgten Belagerungen in Folge von Erbstreitigkeiten für Unruhe, während der alte Rheinarm zunehmend verlandete. Als dann noch ein Damm aufgeschüttet wurde, um die Burg einnehmen zu können, fiel ein Flussarm trocken und die Tage Kaiserswerths als Insel waren vorbei. Dennoch blieb die unter Barbarossa errichtete Festung rund fünf Jahrhunderte lang ein „Wunderwerk der Stärke und Schönheit", bis sie 1702 im Spanischen Erbfolgekrieg nach zweimonatiger Belagerung zerstört wurde. Die Reste wurden als Steinbruch für den Wiederaufbau der ebenfalls zerstörten Stadt genutzt und schließlich sich selbst überlassen. In diesem Zustand liegen sie noch heute neben einem friedlichen Spazierweg. Die Überreste der Burg sind auch für Kinder faszinierend und durch Treppen und Wege zugänglich.

Eine der schönsten Pfeilerbasiliken am Niederrhein

Das „Schiffchen“ am Markt

Eines der wenigen Häuser, die die Belagerung überdauerten, ist das Alte Zollhaus von 1635 am Kaiserswerther Markt. Die Stiftskirche wurde 1717 wieder aufgebaut. Bei Restaurierungsarbeiten wurden in der ehemaligen Stiftskirche, der heutigen Basilika, Überreste von Fundamenten früherer Kirchen gefunden, die womöglich bei Überfällen von Sachsen und Normannen im 8. und 9. Jahrhundert zerstört wurden. Die heutige Kirche verlor in den letzten Wochen des Zweiten Weltkriegs alle vier Türme und erlitt schwere Schäden auch am Kirchenschiff. In mehreren Schritten wurde sie restauriert und zeigt sich heute wieder als dreischiffige, romanische Pfeilerbasilika, die zu den schönsten am Niederrhein zählt. 1967 verlieh Papst Paul VI. der Stiftskirche den Ehrentitel „Basilica minor“ als Geschenk zum 1250. Todestag des Heiligen Suitbertus. Neben diesem Erbe und den uralten Fundamenten besitzt sie weitere Schätze, die die Jahrhunderte überstanden haben: den kostbaren Suitbertus-Schrein, der im 12. Jahrhundert gefertigt wurde, und die Gebeine des Heiligen, die 1264 in ihn umgelagert wurden. Nun ist es bekanntlich nicht immer leicht nachzuvollziehen, welche Gebeine welche Heilige zu Lebzeiten tatsächlich ihr Eigen nannten und was in all der Zeit seit ihrem Dahinscheiden mit ihnen geschehen ist. Da er aber hier begraben wurde, sollte es sich um seine Reliquien handeln. Sicher ist auch, dass der Schrein mit einem Korpus aus Eichenholz, mit vergoldeten Silberbeschlägen und Friesen mit fein gearbeiteten Gold- und Emaille-Arbeiten sowie Kugeln aus Bergkristall ein Meisterwerk der

Goldschmiedekunst ist – einer der bedeutendsten rheinischen Reliquienschreine aus dem Mittelalter, der dem berühmten Schrein der drei Könige im Kölner Dom künstlerisch in nichts nachsteht.

Neben Burg, Basilika, Schrein und dem wunderschönen Suitbertus-Stiftsplatz an der Kirche lohnt

Die Basilika St. Suitbertus thront über dem Rhein.

Schönste historische Bausubstanz rahmt den Kaiserswerther Markt.

auch das übrige Kaiserswerth eine ausgedehnte Erkundung. Jeder Pflasterstein ist mit historischer Bedeutung aufgeladen, die immer neuen Perspektiven auf historische Bausubstanz und den Fluss zeigen, warum die Maler der Düsseldorfer Kunstakademie immer schon hierherkamen, um ihre Skizzenbücher zu füllen. 1836 gründete der evangelische Pfarrer Theodor Fliedner am Markt eine Diakonissen-Anstalt, in der neben vielen anderen jungen Frauen auch Florence Nightingale zur Krankenschwester ausgebildet wurde. Die Diakonie ist bis heute in Kaiserswerth im Gesundheits- und Bildungswesen präsent. Die Fassaden am Kaiserswerther Markt, in denen sich neben bevorzugten Wohnlagen Buchhandlungen, Schreibwaren- und Lebensmittelgeschäfte sowie Lokale befinden, sind eine Augenweide und bieten Instagram-taugliche Fotomotive.

Info

Kaiserpfalz

Burgallee, Kaiserswerth, 40489 Düsseldorf, www.kaiserpfalz-kaiserswerth.de, tgl. 9.00-18.00 Uhr

St. Suitbertus

Am Sonntag nach dem 4. September findet das Suitbertus-Fest mit Schrein- und Lichterprozession statt. Stiftsgasse 3, Kaiserswerth, 40489 Düsseldorf, tgl. 9.00-18.00 Uhr

Rheinfähre Langst-Kaiserswerth

Die Fähre verkehrt im Herbst und Winter werktags von 7.00-19.00, am Wochenende von 10.00-18.00, im Frühling tgl. bis 19.00 Uhr, im Sommer von 7.00-20.00 und am Wochenende 9.00-20.00 Uhr. Von Weihnachten bis Anfang/Mitte Februar kein Fährverkehr; während der Düsseldorfer Kirmes im Sommer verlagert sie ihren Standort rheinaufwärts, um Kirmesgäste zu transportieren. www.rhein-faehre.de

Gastronomie:

Zum Einhorn
Sehr gute regionale Küche in einem 1734 erbauten Haus im Herzen Kaiserswerths. Kaiserswerther Markt 26, 40489 Düsseldorf. www.zumeinhorn-kaiserswerth.de, tgl.

Galerie Burghof
Der womöglich romantischste Biergarten weit und breit: Flussblick, Schatten spendende Kastanien, Brauhausküche. Burgallee 1, 40489 Düsseldorf, galerie-burghof.de, tgl.

Im Schiffchen
Legendäre Spitzenküche hinter barocken Backsteinmauern. Kaiserswerther Markt 9, 40489 Düsseldorf, im-schiffchen.de, So./Mo. geschl.

Nicht nur Altbier
Kunst und Kirchen zwischen
Altstadt und Hofgarten
in Düsseldorf

„Die Stadt Düsseldorf ist sehr schön, und wenn man in der Ferne an sie denkt und zufällig dort geboren ist, wird einem wunderlich zumute", notierte Heinrich Heine einst in Erinnerung an seine Geburtsstadt. Heute fände er sie womöglich noch schöner. Denn zu den Bauten und Gärten, die schon der Dichter kannte, haben sich Museen von Weltrang und jede Menge Flair gesellt. Der Hofgarten als grüne Oase in der Innenstadt vereint auf 28 Hektar Fläche mit Skulpturen von Henry Moore und historischen Denkmälern zwischen Wiesen und Baumgruppen Kunst und Natur auf schönste Weise.

Heines Verhältnis zu Deutschland war bekanntlich gebrochen. 1831 ging er nach Paris, wo er bis zu seinem Tod 1856 lebte. Und Düsseldorf tat sich umgekehrt lange schwer mit einem der bedeutendsten Dichter Deutschlands. Erst 1981 setzte man ihm ein altstadtnahes

Anreise Pkw/Parkplatz: A 44 bis Düsseldorf-Stockum, A 52 über Rheinkniebrücke oder A 57 bis Neuss-Hafen und dann weiter über B1. Diverse Parkhäuser in der Altstadt sowie in den Schadow-Arkaden

Anreise mit ÖPNV: Ab Düsseldorf Hauptbahnhof mit den Bahnen U 75, U 76, U 77, U 78 oder U 79 bis Heinrich-Heine-Allee. Von der anderen Rhein-Seite (Krefeld, Meerbusch) mit U 76

Besonderheiten: Park mit barocken und englischen Elementen sowie modernen Skulpturen; moderne und zeitgenössische Kunst in Museen und der Andreaskirche

Denkmal, sieben Jahre später wurde die Universität nach ihm benannt. Im Heinrich-Heine-Institut an der Bilker Straße wird sein Erbe mit Bibliothek, Archiv und Museum liebevoll gepflegt. Nur ein paar Straßenecken von hier, in der durch zahlreiche Lautsprecher beschallten und von Biertischen bestandenen Bolkerstraße, wurde er am 13. Dezember 1797 als Harry Heine geboren. Den Vornamen Heinrich nahm der Sohn einer angesehenen jüdischen Familie erst bei seiner Taufe 1825 an. Heine kam im Hinterhaus des Baus zur Welt, der seine Wurzeln im 17. Jahrhundert hat. Heute ist im Heine-Haus eine schöne Literaturhandlung ansässig – eine Nutzung des Standorts, die wohl im Sinne des Dichters sein dürfte. Mitten im Epizentrum Düsseldorfer Nachtlebens mit seinen auf einem halben Quadratkilometer Fläche geballten dreihundert Kneipen und Clubs verströmt die Buchhandlung im Heine-Haus überlegene Ruhe.

Kunst, Comedy und Kurfürsten

Nächster Nachbar der Kneipen ist in der Altstadt eben immer die Kultur – und erstaunlich viel Grün. An einer Seite begrenzt die Kunstsammlung Nordrhein-Westfalen das historische Viertel am Fluss. Ihr gegenüber liegen die Kunsthalle, die von Kay und Lore Lorentz nach dem Krieg gegründete Kabarettbühne Kom(m)ödchen und die Barockkirche St. Andreas; nicht weit entfernt sind die

Kunstakademie und die Deutsche Oper am Rhein heimisch – viel mehr Kultur geht nicht auf engem Raum, und mehr Historie kaum. Was nicht nur daran liegt, dass das Gassengewirr zwischen Königsallee, Hofgarten und Rhein naturgemäß seit jeher Zentrum des Geschehens war. Mit dem Kurfürsten Jan Wellem und seiner florentinischen Gattin Anna Maria Luisa de' Medici residierte hier überdies schon Ende des 17. Jahrhunderts ein Paar, das mit seiner Liebe zur Kunst Düsseldorfs Ruhm als Stadt der Künste begründete.

Barocke Pracht in der Kirche St. Andreas

St. Andreas, außen gelb und schwarz, innen licht und weiß, wurde als Jesuitenkirche erbaut und ist auch heute wieder Klosterkirche. Der Großvater von Kurfürst Jan Wellem, der zum Katholizismus konvertierte Pfalzgraf Wolfgang Wilhelm, rief die Jesuiten nach Düsseldorf und legte 1621 persönlich den Grundstein des Alten Stadthauses, einem Gebäude-Ensemble, das der Orden in Etappen erbaute. Kirche, Konvent und ein Gymnasium gehörten dazu. Nach der Aufhebung des Jesuitenordens wurde St. Andreas Pfarrkirche, das Kloster erst kurfürstliche Kanzlei, später preußischer Regierungs- und Verwaltungssitz.

Ein Altar von Mataré an der längsten Theke der Welt

Pater Elias ist einer der acht Dominikaner, die in der Altstadt ein reiches seelsorgerisches Betätigungsfeld finden, in ruhigen Zeiten aber auch Besuchern Geschichte und Schätze der Kirche erklären. Er führt ins Mausoleum hinterm Altarraum, das als Grabkapelle des Kurfürsten Jan Wellem erbaut wurde, und auf die Empore, wo einst der Düsseldorfer Hof zur Messe Platz nahm. Dabei erzählt er aus dem Leben der ab 1622 in nur sieben Jahren erbauten Kirche. Mitten im Dreißigjährigen Krieg schuf der evangelische Künstler Johannes Kuhn aus Süddeutschland prachtvolle Stuckarbeiten für das katholische Gotteshaus. Im Zweiten Weltkrieg wurden Chorraum und Mausoleum stark beschädigt; der Bildhauer und Beuys-Lehrer Ewald Mataré gestaltete die Grabkapelle neu und entwarf anstelle des zerstörten Altars einen von Marmortreppen gerahmten, schwarzen Tisch, der schlank und modern wirkt inmitten der barocken Pracht.

Nur ein kurzer Spaziergang liegt zwischen der schmucken Kirche und dem Hofgarten mit seinen gezirkelten Rabatten und den nach englischem Vorbild gestalteten Landschaftselementen wie Rasenflächen und der sich zu einem Teich ausstreckenden Düssel. Seinen Ursprung hat der Hofgarten im 16. Jahrhundert. 1557 wurde er erstmals erwähnt, als Herzog Wilhelm von Jülich-Kleve-Berg, auch Wilhelm der Reiche genannt, ihn erweitern ließ. Fortan war der zunächst in französischem Stil gestaltete Garten wichtiger Teil des höfischen Lebens. Als der Tod Jan Wellems im Jahr 1716 und die Rückkehr seiner Anna Maria Luisa nach Florenz im Jahr darauf Düsseldorfs Status einer fürstlichen Residenzstadt ein Ende setzten, verlor der Hofgarten jedoch seinen höfischen Glanz. Erst der Kurfürst und Herzog Karl-Theodor brachte wieder ein unverbindliches Interesse für Düsseldorf auf.

In der Nähe

K20 und K21

Die Kunstsammlung NRW ist auf zwei Museen verteilt; das K 20 in der Altstadt zeigt Werke des Expressionismus, Arbeiten von Klee und Kandinsky, Picasso und Pollock sowie Installationen von Joseph Beuys (Grabbeplatz 5); das K 21 (Ständehausstr. 1) internationale Kunst der Gegenwart. www.kunstsammlung.de, Mo. geschl.

Zeitgenössische Kunst im historischen Bau: das K 21

Deutschlands ältester Volksgarten

1769 wurde der Hofgarten nach wirtschaftlich schweren Zeiten erweitert, ausgebaut und der Öffentlichkeit zugänglich gemacht, was den Park zum ältesten Volksgarten Deutschlands macht. Zu dieser Zeit entstand auch die Allee zum Schloss Jägerhof, wo der Oberjägermeister residierte, die auf die alte Hofkirche St. Andreas ausgerichtet wurde. 1782 entstand der Chinesische Pavillon. 1811 wurde er auf Geheiß Napoleons I., der als Regent des Großherzogtums Berg eine Verschönerung der Anlage im Stil eines englischen Landschaftsparks für geboten hielt, neuerlich erweitert. Obwohl ihm im Laufe der Jahrhunderte immer wieder Kriege zusetzten, zeigt sich der Park, der sich zwischen Schloss Jägerhof (seit 1987 Sitz des Düsseldorfer Goethe-Museums) und Heinrich Heine-Allee sowie von der Königsallee bis zum Rheinufer neben der Tonhalle erstreckt, heute in guter Form (obwohl ein Unwetter im Juni 2014 schwere Schäden am alten Baumbestand verursachte). Obwohl ihn eine Verkehrsachse in zwei Bereiche teilt, genießt er Denkmalschutz und ist Teil der „Straße der Gartenkunst zwischen Rhein und Maas“. Teiche, Wiesen, Spielplätze, sonntägliche Matineen im Pavillon und der erhaltene Baumbestand machen ihn zu einer wahren Oase in der Innenstadt.

Freilicht-Museum mit Skulpturen

Zugleich gibt es auch einiges zu sehen. Skulpturen und Denkmäler zeigen eine große Bandbreite von Sujets und Stilrichtungen und zeugen von dem, was Düsseldorf wichtig war und ist. Prinzessin Stephanie von Hohenzollern (1837–1859), die den größeren Teil ihres allzu kurzen Lebens im Schloss Jägerhof verbrachte, ist – als zweite Düsseldorferin, die durch Heirat zur Königin Portugals avancierte – ebenso mit einem Denkmal bedacht wie Komponisten und Geistesgrößen. Der Düsseldorfer Bildhauer Julius Bayerle

Mehrere Interessenten bemühten sich um den Märchenbrunnen von Max Blondat, Düsseldorf konnte ihn sich sichern.

(1826–1873) setzte sie als „Königin und Freundin der Armen" auf einen Sockel. 1953 stiftete der Kunstverein die Bronzeskulptur „Harmonie", die letzte Arbeit des französischen Bildhauers Aristide Maillol (1861–1944), zur ehrenden Erinnerung an Heinrich Heine. Sie ist Teil der Heinrich-Heine-Gedenkstätte am Napoleonsberg, die Bildhauer Ivo Beucker (1909–1965) gestaltete und zu der auch sein 1952 geschaffenes bronzenes Medaillon gehört, das Heine im Profil zeigt. Der wunderschöne Märchenbrunnen stammt von dem französischen Bildhauer Max Blondat (1872–1925). Nach ersten Auftritten im Salon de Paris und dann bei der Internationalen Kunst- und Großen Gartenbauausstellung im Düsseldorfer Kunstpalast im Jahr 1904 versuchten mehrere deutsche Städte, den Brunnen mit einer Skulptur dreier Kinder, die vom Brunnenrand aus drei Wasser speiende Frösche beobachten, zu ergattern. Der Verschönerungsverein Düsseldorfs erhielt schließlich den Zuschlag und konnte das Werk im November 1905 am Ananasberg im Hofgarten aufstellen. Ein Denkmal Gustav Gründgens' von Peter Rübsam befindet sich im Goltsteinparterre hinterm Schauspielhaus, das Robert-Schumann-Denkmal von Karl Hartung am Opernhaus. Auf dem Rasen hinter dem Opernhaus befindet sich die „Two Piece Reclining Figure" von Henry Moore.

In der Nähe

Mahn- und Gedenkstätte

Nur wenige Schritte von der Andreaskirche entfernt befindet sich im Westflügel des Stadthauses, wo einstmals die Jesuiten lebten, seit 1987 die Mahn- und Gedenkstätte. Dieser Teil des Komplexes hat eine besonders wechselvolle Geschichte hinter sich. Er diente als Sitz des Polizeipräsidiums, bevor sich die Gestapo hier niederließ. 1946 und 1947 tagte dann, wie zum Beweis der Elastizität der alten Mauern, der Entnazifizierungsausschuss in diesem Bau. Die Dauerausstellung der Mahn- und Gedenkstätte der Stadt erzählt Geschichten wie die des 1926 geborenen Knaben Wolfgang Kannengießer. Anders als die meis-

ten seiner Mitschüler wollte er nie Hitlerjunge werden; lieber blieb er Messdiener. Eines Tages sieht er beim Bäcker ein Werbeplakat für die Jugendorganisation der Nazis. Und weil gerade niemand im Laden ist, reißt er es ab und wirft es weg. Einer hat ihn doch beobachtet und zeigt das Kind an. Zwei Tage lang wird der Junge von der Gestapo verhört – hier, im alten Düsseldorfer Stadthaus. Auch wenn die Ungeheuerlichkeiten der Zeit bekannt sind, ist vieles hier erstaunlich: Die Geschichten klarsichtiger Kinder; die Fotos Düsseldorfer Bürger, die sich nach den Pogromen im November 1938 vor den Häusern ihrer verschleppten Mitbürger an deren Möbeln bedienen; auch die Historie des Gebäudes, in dem Deportationslisten verfasst wurden und in dessen Keller die Gestapo widerspenstige Jugendliche, aus dem nahen Rathaus gezerrte Sozialdemokraten und andere unbescholtene Menschen verhörte. Der Besuch der ebenso fesselnden wie bewegenden Ausstellung lohnt sich auch mit etwas älteren Kindern.
Mühlenstr. 29, www.duesseldorf.de/mahn-und-gedenkstaette.html, Mo. geschl.

Gastronomie:

Brasserie Stadthaus
In der Brasserie des eleganten Hotels De Medici werden fürstliche Genüsse von Austern bis Foie Gras serviert.
Mühlenstr. 31,
40213 Düsseldorf,
brasserie-stadthaus.de,
So./Mo. geschl.

Tante Annas Weinhaus
Moderne Gerichte auf Basis kulinarischer Traditionen in urigem Ambiente.
Andreasstr. 2,
40213 Düsseldorf,
www.tanteanna.de,
So./Mo. geschl.

Das Uerige
Die Hausbrauerei nebst Kneipe ist eine Institution seit 150 Jahren. Deftige regionale Küche.
Berger Str. 1,
40213 Düsseldorf,
www.uerige.de,
tgl.

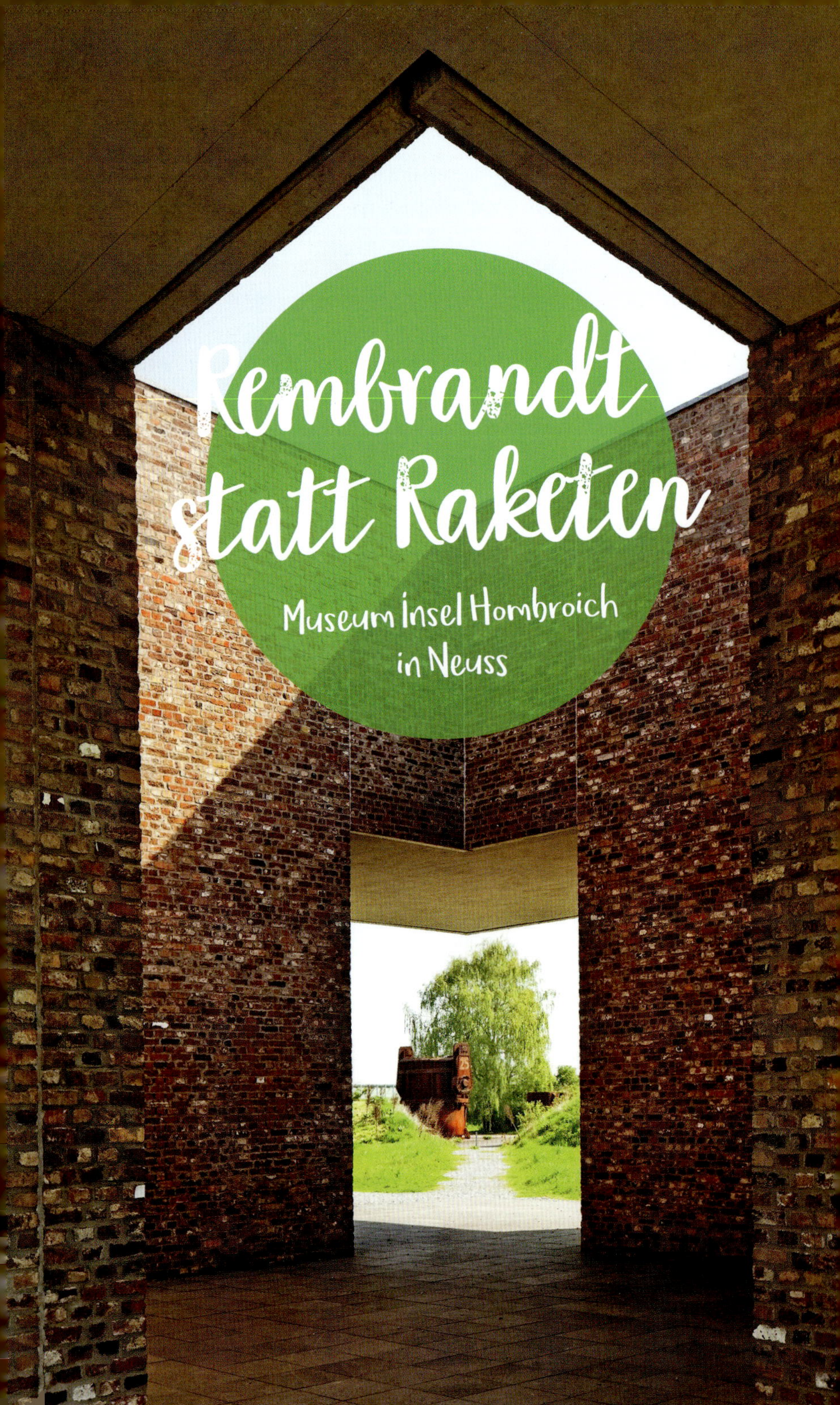

Rembrandt statt Raketen
Museum Insel Hombroich in Neuss

Wasser funkelt im Sonnenlicht. Am Ufer des Teichs steht ein Reiher, der Kopf eines Otters erscheint an der Oberfläche. Das Museum Insel Hombroich bei Neuss ist ein magischer Ort, friedlich und weltfern. Kaum vorstellbar, dass gleich nebenan einmal eine Raketenstation der NATO lag. Heute ist sie Teil der Symbiose aus Natur und Kunst – und Hombroich ein perfekter Ort zum Umherstreifen zwischen Flussausläufern, Teichen voller Seerosen und herausragender Kunst aus zwei Jahrtausenden.

„Kunst parallel zur Natur" lautet das Credo des Museums, inspiriert ist es von einem Zitat des Malers Paul Cézanne. Tatsächlich verbinden sich hier herausragende Kunst und intakte Naturlandschaft in Weise, wie man sie wohl nirgends sonst findet. In den Achtzigerjahren wurde der verwilderte Park am Flüsschen Erft in eine Auenlandschaft umgestaltet, um die Idee einer Landschaft aus Kunst und Natur mit Leben zu füllen. Eine Insel bildet die Anlage nur im übertragenen Sinn: Sie ist nicht von Wasser umschlossen, erstreckt

Anreise Pkw/Parkplatz: A 57 bis Neuss-Reuschenberg, A 46 bis Grevenbroich-Kapellen; kostenfreie Parkplätze

Anreise mit ÖPNV: Von oder über Düsseldorf Hauptbahnhof mit Straßenbahn 709 bis Neuss Landestheater und weiter mit Bus 877 bis Museum Insel Hombroich

Besonderheiten: Herausragende Kunst unterschiedlicher Epochen in idyllischer Auenlandschaft

Biotop und Auenlandschaft

sich aber am Ufer der Erft; alte Flussarme und Wasserflächen verleihen ihr insularen Charakter. Wer die lange Reihe von Stufen vom Eingang in die Auenlandschaft hinabsteigt, entfernt sich mit jedem Schritt ein Stückchen vom Alltag. Ein auf dieser Insel verbrachter Tag bedeutet Erholung für Augen, Geist und Seele.

Der Schöpfer der Kunst-Auenlandschaft war der Kunstsammler und Mäzen Karl-Heinrich Müller (1936–2007, Bild rechts), der 1982 eine 1816 erbaute Villa mit einem zur selben Zeit zwischen zwei Armen des Flusses Erft angelegten Park gekauft hatte. Müller erwarb angrenzendes Ackerland und begründete das Museum für seine eigene Kunstsammlung. Später überführte er alles in eine Stiftung. Zehn

vom Düsseldorfer Bildhauer Erwin Heerich entworfene, begehbare Skulpturen und Ausstellungspavillons entstanden, in denen die Sammlung ausgestellt ist. Für die Natur war der Gartenarchitekt Bernhard Korte zuständig, der den historischen Baumbestand erhielt und unberührte Natur und gestalterische Eingriffe in eine perfekte Balance brachte. 1987 eröffnete mit der „Insel", wie sie kurz und liebevoll genannt wird, eines der erstaunlichsten Museen Deutschlands.

Kunstobjekte aus zwei Jahrtausenden und drei Erdteilen

21 Hektar idyllischer Auenlandschaft verbinden sich im Museum Insel Hombroich mit europäischer und ostasiatischer Kunst sowie mit archäologischen Fundstücken aus Ozeanien, Peru und Afrika von der Früh- bis zur Neuzeit. Die Objekte umspannen einen Bogen von zweitausend Jahren und die Hälfte des Globus. Das macht die von den persönlichen Interessen Karl-Heinrich Müllers geprägte Sammlung außerordentlich facettenreich: Von der tausendjährigen Figur eines sitzenden Löwen und Bronze-Objekten, die zur Zeitenwende entstanden, bis hin zur modernen Skulptur von Alexander Calder reicht das Spektrum und bietet somit ständig neue Überraschungen. Auch Werke von Rembrandt, Henri Matisse, Paul Cézanne, Lovis Corinth und Gustav Klimt sind zu sehen, ebenso wie Arbeiten von Hans Arp und Eduardo Chillida (und sehr vielen mehr). Neben der Bandbreite ist auch ihre Anordnung ungewöhnlich, denn sie folgt weder einer zeitlichen noch einer örtlichen Systematik. Der Maler Gotthard Graubner, der Karl-Heinrich Müller außer beim Kauf von Kunst auch bezüglich des Museums beriet, glaubte nicht an die Aussagekraft von Zahlen und Orten, sondern wollte die Arbeiten aus Ost und West unabhängig von ihrer Entstehung in einen Dialog miteinander treten lassen.

Keine Insel, aber eine Oase:
Das Gelände des Museum
Insel Hombroich von oben

Begehbare Skulptur
von Erwin Heerich

Der „Turm“ von Heerich ist eine weitere begehbare Skulptur und zeigt den Bildhauer als Architekt.

Museum ohne Kordeln und ohne Wärter

In jeder Hinsicht ist das Konzept Graubners außergewöhnlich. Museumswärter gibt es hier nicht, und auch auf Schilder und Erläuterung wird verzichtet. Auf der Museumsinsel geht es nicht um Wissensvermittlung, sondern um das intuitive und unmittelbare Erleben von Kunst. Auch für Sicherheitsabstände (abgesehen von solchen, die im Moment der Pandemie geschuldet sind), Kordeln und künstliches Licht ist hier kein Platz, damit sich nichts zwischen den Betrachter und das Objekt seines Interesses schiebt. Dieses Konzept macht die Sammlung auch für Kinder leichter zugänglich, zumal sie nicht von besorgten Wärtern verfolgt werden, wie das mancherorts leider üblich ist. Der „Turm“ und der nach dem Maler Gotthard Graubner benannte „Graubner-Pavillon“ zählen zu den begehbaren Skulpturen; im Herbst weht der Wind Blätter mit den Besuchern hinein, wenn sie die Tür öffnen.

In der Nähe

Raketenstation Hombroich

Zehn Gehminuten entfernt liegt mit der Raketenstation Hombroich ein weiteres Ensemble aus Kultur und (wiederhergestellter) Natur. In den Sechzigerjahren befand sich hier eine belgische Kaserne, später baute die NATO eine Raketenstation auf dem Areal. 1988 wurden die Raketen abtransportiert, zwei Jahre später war der Standort geschlossen. 1994 kaufte Karl-Heinz Müller das Land, um es mit Skulpturen und Gebäuden neu zu gestalten. Er hatte aber keine Erweiterung der Museumsinsel im Sinn, sondern eine Ergänzung: Hier wohnen und arbeiten Künstler, Autoren, Musiker und Wissenschaftler; zudem finden zahlreiche Kulturveranstaltungen statt. Die Bauten und Skulpturen stammen unter anderem von den Künstlern und Architekten Erwin Heerich, Katsuhito Nishikawa, Álvaro Siza, Tadao Ando, Oliver Kruse und Dieter Hofmann und sind äußerst sehenswert. Tgl. 10.00-18.00 Uhr.

Ausstellungshaus der Langen Foundation

Die Schatten von Mataré und Beuys

Skulptur von Anatol in Hombroich

Ganz nebenbei führt die Museumslandschaft in die Düsseldorfer Kunstszene der zweiten Hälfte des 20. Jahrhunderts. So bewachen zwar keine Aufseher die Kunst, aber die Skulpturen des Bildhauers und Beuys-Schülers Anatol Herzfeld (1931–2019) die umliegenden Wiesen. Die Freiflächen rund um die Atelier-Werkstatt Herzfelds sind Teil des in der Natur versenkten Museums. Der vielbegabte Künstler, der jahrzehntelang als Polizist und Verkehrserzieher in Schulen per Marionettenspiel Wissen vermittelte, schuf hier neben den eisernen Wächterfiguren, die auch vor seinem Haus postiert sind, großflächige Installationen wie „Das Parlament“, einen großen Kreis von Eisenstühlen unweit seines Hauses, und den Steinkreis „Arbeitszeit Kirche“. Immer konnten die Besucher Anatol Herzfeld hier auch bei der Arbeit sehen; mit vielen kam er ins Plaudern. Neben seinen Skulpturen und seinem Haus erinnert noch eine Tafel mit Zeitungsberichten über gemeinsame Aktionen mit Joseph Beuys an den Künstler, der von Anfang an mit Hombroich verbunden war, und sein engagiertes Wirken. Das wird auch so bleiben, denn Anatol verfügte in seinem Testament, dass in seinem Bereich des Geländes nichts verändert werden dürfe.

Drei Künstler besaßen Ateliers auf der Insel

Wie Herzfeld hatten auch Gotthard Graubner (1930–2013) und Erwin Heerich (1922–2004) Ateliers auf der Museumsinsel. Heerich war an der Düsseldorfer Kunstakademie ein Schüler des Bild-

Anatol Herzfeld, Erwin Heerich und Gotthard Graubner (v. l.).

hauers Ewald Mataré und teilte sich als Meisterschüler das Atelier mit Joseph Beuys. Graubner, Maler abstrakter und monochromer Gemälde, studierte in den Fünfzigerjahren an der Kunstakademie. 1982 schuf er das Konzept für den deutschen Pavillon der 40. Biennale in Venedig; später entwickelte er auch das Ausstellungskonzept für die Museumsinsel. So ist Hombroich der Welt und Zeiten umspannenden Sammlung zum Trotz sehr eng mit der Düsseldorfer Kunstszene verwoben.

Wunderbar ist es, hier einen ganzen Tag verstreichen zu lassen, durch die Pavillons zu schlendern und sich schließlich unter einem knorrigen Apfelbaum auszustrecken, in den blauen Himmel zu träumen oder zum Skizzenbuch zu greifen. Auch sonst ist hier fast alles möglich, man kann Vögel und Otter beobachten, spazieren gehen, alte Bäume, riesige Rhododendren und verträumte Pavillons bewundern, die Natur mit allen Sinnen aufsaugen und zwischendurch immer wieder Kunst genießen.

Picknicken ist nicht erlaubt, aber auch nicht wirklich nötig. Denn es gibt ein Café, in der warmen Jahreszeit stehen Tische und Stühle unter Schatten spendenden Bäumen. So kann man sich hier auch regelkonform stärken – im Grünen.

In der Nähe

Skulpturenhalle Neuss

Zwischen der Museum Insel Hombroich, dem Kirkeby-Feld mit Skulptur-Bauten von Per Kirkeby und der Raketenstation liegt die nach einem Entwurf von Thomas Schütte erbaute Skulpturenhalle, in der Wechselausstellungen gezeigt werden.

Lindenweg, 41472 Neuss, thomas-schuette-stiftung.de
April bis August Fr.-So- 10.00-18.00 Uhr,
September bis März Fr.-So. 11.00-17.00 Uhr

Info

Museum Insel Hombroich, Minkel 2, 41472 Neuss, www.inselhombroich.de,
April bis September tgl. 10.00-19.00 Uhr, Oktober bis März tgl. 10.00-17.00 Uhr

Auch äußerlich eindrucksvoll ist die Skulpturenhalle Neuss.

Gastronomie:

Café Biemel
Stärkung auf dem Gelände der Raketenstation bietet das Café Biemel.
Raketenstation Hombroich 3,
41472 Neuss,
April bis Oktober tgl.

Altes Bootshaus
Zum schönen Blick auf die Erft gibt es eine Auswahl wechselnder Gerichte. Romantischer Biergarten.
Olympiasiegerstr. 5,
41472 Neuss-Minkel,
www.altesbootshaus.de,
Mo./Di. geschl.

Mykonos
Kunst macht hungrig. Hilfe leisten die griechischen Spezialitäten des 2 km von der Insel gelegenen Restaurants.
Hauptstr. 80,
41472 Neuss,
www.mykonos-holzheim.de,
Mo. geschl.

Shakespeare
im Grünen
Globe Theatre
in Neuss

Zwischen hohen Pappeln erhebt sich neben der ehemaligen Galopprennbahn östlich der Neusser City der weiße, zwölfeckige Bau des Globe Theatre mit schwarzem Dach und schwarz-weißen Blendläden. Während des Shakespeare-Festivals ist das Theater das Sprungbrett für Ausflüge in die englische Theaterszene um die Wende zum 17. Jahrhundert. Auch im übrigen Jahr verdient der Nachbau einen Blick, Sport und Erholung bietet der Rennbahnpark.

Das Licht der Theaterwelt erblickte das Neusser Globe nicht etwa in London, wo ab 1599 das Original am rechten Themse-Ufer stand und heute am selben Ort ein 1997 fertiggestellter Nachfolge-Bau wieder regelmäßig bespielt wird. Vielmehr wurde die Idee in Rheda-Wiedenbrück ersonnen, wo zur Landesgartenschau 1988 ein zwölfeckiges Theater aus Holz und Stahl errichtet wurde. 1991 kaufte es die Stadt Neuss und baute es neben der Galopprennbahn wieder

Anreise Pkw/Parkplatz: A 57 bis Neuss-Hafen. Links in die Stresemann-Allee einbiegen, nach 800 Metern rechts zur Rennbahn einbiegen. Kostenlose Parkplätze an Rennbahn und Theater

Anreise mit ÖPNV: Vom Neusser Hauptbahnhof mit Straßenbahn 709 (Richtung Gerresheim) bis Stadthalle/ Museum, von dort in etwa acht Gehminuten zur Rennbahn und dem Globe

Besonderheiten: Elisabethanisches Theater neben der ehemaligen Galopprennbahn auf. Tatsächlich liegt es auf dem Gelände zwischen Wetthalle und Führring – eine außergewöhnliche Umgebung, die aber der elisabethanischen Theaterpraxis vermutlich näher ist als die meisten Stadttheater. Schließlich befanden sich Londons Theater – immerhin fast ein halbes Dutzend – zu Shakespeares Zeit ebenfalls auf der grünen Wiese am rechten Themseufer, das der Unterhaltung im weitesten Sinn vorbehalten war. Außer Komödie und Tragödie standen auch Bärenkämpfe regelmäßig auf dem Programm; für die Kämpfe angeketteter Bären gegen Mensch oder Tier gab es eine eigene Arena. Sport und Entertainment sind auch in Neuss Nachbarn, wenngleich hier keine Pferderennen mehr stattfinden, sondern unterschiedliche Veranstaltungen vom Trödelmarkt bis zur Reitportmesse Equitana, die alle zwei Jahre stattfindet. Dass anders als im elisabethanischen London keine Köpfe hingerichteter Verbrecher in Sichtweite der Theater (oder anderswo) aufgespießt sind, spricht außer für den Standort auch für die Gegenwart.

Die Reitsportmesse Equitana auf dem Gelände der Galopprennbahn.

Theater wie vor 400 Jahren

Während des alljährlich im Frühsommer stattfindenden Shakespeare-Festivals, an dem Ensembles aus dem In- und Ausland die Werke des womöglich größten aller Dramatikers auf die Bühne bringen, bietet es bei jeder Aufführung 500 Zuschauern Platz. Sie erleben hier Theater so, wie es für William Shakespeare Alltag war: dicht nebeneinander und maximal zehn Meter von der Bühne ent-

Sollte der Barde auferstehen, wird er sich freuen, das Neusser Globe vorzufinden.

fernt, so dass sie jede Regung der Schauspieler sehen. Aufwendige Bühnenbilder mit zahlreichen Requisiten waren zur Zeit Shakespeares nicht üblich, weshalb die meisten Ensembles im Globe ebenfalls auf Hilfsmittel verzichten. Stattdessen ist die Fantasie der Zuschauer gefordert. Allerdings sitzen heute alle. Zu Zeiten des Barden saßen nur wenige Bessergestellte in Logen, das gemeine Volk, das im 16. und frühen 17. Jahrhundert regelmäßig in Londons Theater strömte, stand vor der Bühne. Damals hatten die Menschen offensichtlich mehr Standvermögen – dreieinhalb Stunden Hamlet im Stehen schafft heute längst nicht jeder.

Picknick oder Spaziergang mit Blick aufs Globe

Dennoch kommt man Shakespeare – jenseits des Globe Theatres in London und der Heimat des Dichters in Mittelengland – nur an wenigen Orten so nahe wie hier, weshalb es für Theater- und Shakespeare-Fans auch außerhalb des Festivals ein lohnendes Ziel ist. Dann lässt sich die Visite mit einem Spaziergang durch den Rennbahnpark verbinden. Auf dem Areal innerhalb der einstigen Rennstrecke kann man flanieren, Fußball, Basketball und Beachvolleyball spielen, man kann joggen, walken, skaten oder picknicken und an zwei Grillplätzen sogar ein Grillfleisch-Gelage vorbereiten. So lässt sich die postapokalyptisch anmutende Kulisse des industriellen Neuss jenseits der ehemaligen Rennbahn glatt vergessen. Besonders, wenn man sich an einem sonnigen Tag auf einer Picknickdecke ausstreckt, in den Himmel träumt oder liest – vielleicht ein paar Sonette oder ein Stück von Shakespeare.

Das Schwergewicht der englischen Literatur

William Shakespeare wurde am 23. April 1564 in Stratford-upon-Avon geboren, drei Tage später in der Holy Trinity Church getauft. Gerade hatte Henry VIII. den Katholizismus römischer Prägung abgeschafft, nach den religiösen Wirren unter seinem protestantischen Sohn Edward und der katholischen Tochter Mary sorgte Tochter Elizabeth I. für anglikanische Ruhe. Shakespeares Vater John wurde als führendes Mitglied der Gemeinde 1569 beauftragt, das Weißen der religiösen (noch katholisch geprägten) Bilder in der Guild Chapel zu überwachen. Zugleich profitierte Sohn William von den unter Elizabeths Halbbruder Edward VII. geschaffenen Grammar Schools. Auch in Stratford gab es eine solche Schule, an der Bürgersöhne ab fünf Jahren kostenlos eine klassische Ausbildung erhielten. Latein war Umgangssprache; auch in den Pausen mussten die Zöglinge Lateinisch

In der Nähe

Kunst und Antike: Clemens-Sels-Museum

Von archäologischen Funden aus der Römerzeit über Werke der Präraffaeliten bis hin zu einer herausragenden Sammlung zum Symbolismus bietet das nur zehn Fußminuten vom Globe entfernte Museum genug Anregungen für einen mehrstündigen Besuch. Grundstock des Museums war die private Sammlung von Pauline Sels, der Witwe des Namensgebers Clemens. Sie hinterließ ihre Kunstwerke und das Geld für einen Museumsbau 1908 der Stadt Neuss.

Die römischen Funde, die im Museum zu sehen sind, zeugen von der beeindruckend langen Geschichte einer der ältesten Städte in Deutschland. Das Museum schildert zudem die Geschichte des Koenen-Lagers und des Kleinkastells am Reckberg, die wie auch der LVR-Archäologische Park in Xanten zum UNESCO-Welterbe Niedergermanischer Limes zählen. Wechselausstellungen sorgen für Abwechslung.

Am Obertor, Neuss, clemens-sels-museum-neuss.de, Mo. geschl.

Im nahegelegenen RomaNEum (tgl., Brückstr. 1) sind Fundamente eines römischen Baus zu sehen.

Auch das Clemens-Sels-Museum liegt in einem kleinen Park.

Theater-Architektur wie um die Wende zum 17. Jahrhundert:
Im Globe sitzen die Zuschauer auf steilen Rängen.

sprechen, im Klassenzimmer lasen sie die Literatur der Antike. So konnte sich Shakespeare die Bildung aneignen, die später manchen Rezipienten seiner Werke neidisch zweifeln ließen, dass der Sohn des Handschuhmachers wirklich der Autor dieser hochkomplexen und von Anspielungen an die Klassiker strotzenden Stücke sein konnten.

Großmeister der Dichtkunst

Als wortgewandter Teenager beeindruckt er die Mittzwanzigerin Anne Hathaway aus dem Nachbardorf Shottery – vielleicht, indem er sie mit einem Sommertag vergleicht und schwört: „Nie soll deines Sommers Pracht ermatten, nie soll zerschleißen deiner Schönheit Kleid." Mit achtzehn Jahren heiratet er Anne, eilige sechs Monate später kommt Tochter Susanna zur Welt. 1584 folgen die Zwillinge Judith und Hamnet. William verschwindet aus den Archiven, bis er als Schauspieler, Autor äußerst erfolgreicher Theaterstücke und Anteilseigner des Londoner Theaters „The Globe" wieder auftaucht. Als Autor für die eigene Bühne, aufgrund der Form des Baus von Shakespeare liebevoll „my wooden O" genannt, auf der er auch als Schauspieler zu sehen ist, hat er immensen Erfolg. Das Theater war neben wenig erbaulichen Spektakeln wie Hinrichtungen eine der raren Unterhaltungsmöglichkeiten der Zeit, und die Hauptstadtbewohner nutzten jede Gelegenheit für einen Theaterbesuch. Shakespeare investiert geschickt, erbt 1601 zusätzlich vom Vater – und ist mit 33 Jahren einer der reichsten Bürger Stratfords. Denn seine Familie bleibt in dem Marktstädtchen in Mittelengland, Shakespeare ist Pendler. Ein schwerer Schicksalsschlag trifft die Familie, als Sohn Hamnet mit elf Jahren an der Pest stirbt. Vermutlich ist es kein Zufall, dass Shakespeare später eine Tragödie gleichen Titels schrieb – die Namen Hamnet und Hamlet waren im elisabethanischen Englisch austauschbar. Ende April 1616 starb er als prominenter, geschätzter und wohlhabender Autor. 370 Pfund in bar hinterließ der Erfolgsautor in einer Zeit, da ein Lehrer zwanzig Pfund im Jahr verdiente, dazu viel Grundbesitz. In der Kirche am Ufer des Avon, in der er 52 Jahre zuvor getauft worden war, wurde er beigesetzt.

Info

Rennbahn-Park: Am Rennbahnpark 1, 41460 Neuss
Shakespeare-Festival: www.shakespeare-festival.de

In der Nähe

St. Quirinus-Münster

Das Neusser Münster zählt zu den wichtigsten spätromanischen Kirchen im Rheinland; tatsächlich gilt es als eines der herausragenden Beispiele für den Übergang von der Romanik zur Gotik in Deutschland. Die Kirche wurde zwischen 1209 und 1230 erbaut. Ihre ältesten Teile sind sogar noch deutlich älter und verweisen auf den Vorgängerbau. In der Krypta befinden sich Fundamentreste aus dem 9. Jahrhundert sowie zwei Säulen, die um das Jahr 1050 entstanden. Der größte Teil der kostbaren Ausstattung wurde im Zweiten Weltkrieg zerstört. Der 1900 angefertigte Schrein mit den Reliquien des Heiligen Quirinus ist erhalten und befindet sich in der Apsis. 2009 wurde St. Quirinus von Papst Benedikt XVI. zur Basilica minor erhoben.
Münsterplatz, 41460 Neuss

Gastronomie:

(Shakes-)Biergarten
Nur während des Shakespeare-Festivals.

Pizza-Türmchen
Sehr gute, liebevoll zubereitete Pizzen einen knappen Kilometer vom Globe entfernt.
Friedrichstr. 1, 41460 Neuss,
www.pizza-türmchen.de, tgl.

Renaissance-
Wunderkammer
mit Pfauen
Schloss Rheydt
in Mönchengladbach

Schloss Rheydt ist ein eindrucksvolles Renaissance-Wasserschloss mit prachtvollem Park, gut erhaltenen Kasematten und einem spannenden Museum. Immer wieder drangen die Geschehnisse der Weltpolitik durch seine Festungsanlagen. Seine Historie wird auch für Kinder anschaulich dokumentiert. Die heimlichen Stars des Schlosses sind indes eine Gruppe von Pfauen, die hier im Frühjahr dekorativ Räder schlagen.

Die Pfauen bewegen sich frei im Schlosshof und im Park – tatsächlich so frei, dass es immer wieder vorkommt, dass Küken ebenfalls frei laufenden Hunden zum Opfer fallen. Auch im Winter haben es die Vögel mitunter schwer, da sie nicht zugefüttert werden. Dennoch hält sich die Population und schmückt das einzige vollständig erhaltene Renaissance-Schloss am Niederrhein in schönster Weise. Die Begrüßung durch die Pfauen ist für Kinder zumeist das

Anreise Pkw/Parkplatz: A 44 bis Mönchengladbach-Ost oder A 46 bis Neuss-Holzheim. Kostenfreie Parkplätze am Schloss

Anreise mit ÖPNV: Ab oder über Hauptbahnhof Rheydt mit Linie 016 bis Schloss Rheydt. Von dort sind es 300 Meter bis zum Schloss.

Besonderheiten: Schloss Rheydt ist das einzige vollständig erhaltene Renaissance-Schloss am Niederrhein. Sein Museum besitzt zahlreiche Schätze aus der Epoche und erzählt die Geschichte von Schloss und Stadt.

erste Highlight beim Besuch des Schlosses, dessen Anblick allein die Phantasie beflügelt und vermeintlich langweilige Spaziergänge zu Abenteuern machen kann: von den von Kanadagänsen und Enten bevölkerten Wassergräben bis zu den begehbaren Kasematten, die teils haarsträubende Geschichten aus dem Mittelalter erzählen.

Von einem Wassergraben umgeben, bildet das Ensemble aus Torburg, Vorburg, Herrenhaus, Turnierplatz und Wegen eine grüne Insel. Den einst schützenden Graben überspannt eine kleine Fußgängerbrücke. Das Schloss, wie es sich heute zeigt, entstand in der zweiten Hälfte des 16. Jahrhunderts. Zuvor hatte es bereits eine (mehrfach veränderte) Burg gegeben, die mit dem heutigen Schloss wenig Ähnlichkeit hatte. Bauherr war Otto von Bylandt, ausführender Architekt Maximilian von Pasqualini. Die Geschäftsbeziehungen hatten eine Vorgeschichte: Herzog William V. von Jülich, Kleve und Berg hatte den 1493 in Bologna geborenen Baumeister Alessandro Pasqualini 1549 zu seinem Hofarchitekten ernannt. Er sollte seine Residenzstadt Jülich neu gestalten und die Stadt sowie das Jülicher Schloss mit der besten verfügbaren Verteidigungsanlage ausstatten. Zehn Jahre später übernahmen Pasqualinis Söhne die Großbaustellen, doch noch beim Tod des Herzogs im Jahr 1592 waren die Maßnahmen nicht vollendet.

Nach außen wehrhaft, innen von italienischer Eleganz

Von den Bautätigkeiten im nahen Jülich wusste auch Otto von Bylandt und beauftragte Pasqualinis Sohn Maximilian (1534-1572) im Jahr 1558 damit, aus einem bestehenden Ensemble eine kleinere, aber noch viel besser gesicherte Burg bauen lassen: Schloss Rheydt. Mit doppeltem, aus der Niers gespeisten Wassergraben und sechs Bastionen konnte man sich hier in allen Wechselfällen des Lebens und der Politik sicher fühlen. Besonders effektiv war die Verteidigungs-

Markenzeichen von Schloss Rheydt sind die schönen Pfauen.

anlage, weil sie nicht allein auf starke Mauern setzte, sondern auch auf seitlichen Beschuss ahnungsloser Feinde. Zugleich erlaubten die vorgelagerten Bastionen, im Inneren der Anlage einen schmucken Wohnbereich zu bauen, der keine Verteidigungsaufgaben übernehmen musste. Beim Bau des Herrenhauses mit der eleganten Loggia ließ sich Pasqualini von der italienischen Renaissance inspirieren und trug der geografischen Lage mit niederländischen Elementen an der Fassade Rechnung.

Ein Hauch von Italien weht durch die Anlage.

Gemächer für Goebbels

Mehr als 200 Jahre lang blieb das Schloss im Besitz der Bylandts. Im 19. Jahrhundert führten Inhaberwechsel und Vernachlässigung zu zunehmendem Verfall. 1917 kaufte die Stadt Rheydt die Anlage, fünf Jahre später eröffnete das Museum. Bis zum heute wieder intakten Erscheinungsbild war es dennoch ein weiter Weg, zumal Joseph Goebbels, der wohl berüchtigtste Sohn der Stadt, das Schloss 1940

In den Kasematten illustrieren Gegenstände aus dem Mittelalter, wie die Anlage verteidigt wurde.

zum Gästehaus umbauen ließ. Auch für sich selbst hatte Hitlers Propagandaminister großzügige Räumlichkeiten vorgesehen und daher die Sammlung des Museums ausgelagert. Glücklicherweise erwies sich das tausendjährige Reich als deutlich kurzlebiger als gedacht. Goebbels schaffte es nur zweimal ins Schloss, bevor Nazi-Deutschland besiegt war und er sich seiner Verantwortung durch Selbstmord entzog.

Rheydt und Mönchengladbach waren nach einem schweren Luftangriff im Sommer 1943 kurz vor dem Ende des Kriegs, am 1. Februar 1945, neuerlich schwer bombardiert worden, so dass 65 Prozent beider Städte zerstört waren. Das Schloss überdauerte auch das. Schon ein Jahr nach Kriegsende fand die erste Kunstausstellung statt, 1949 kehrte die Sammlung ins Museum zurück. Ein halbes Jahrhundert später wurde es umfassend restauriert und ist heute fast vollständig öffentlich zugänglich. Torburg, Vorburg, das gelbe Herrenhaus mit Loggia und die Kasematten bilden die attraktiven Kulissen für sommerliche Konzerte international bekannter Bands und für Ritterspiele, Kindergeburtstage mit Schatzsuchen sowie für Spaziergänge und Erkundungen.

Das Wasserschloss säumt schöner Baumbestand.

Unterhalb des Parks liegt diese friedliche Terrasse mit Bank.

Spanische Scharmützel, englische Gärten

Der englische Garten, der früh im 19. Jahrhundert auf den ehemaligen Wällen angelegt wurde, hat – abgesehen von einzelnen Bäumen – nicht im Original überdauert. Obwohl der Gegend noch einige Kriege bevorstanden, zeigt sich der Park dank der Restaurierung durch den Landschaftsarchitekten Gustav Wörner im Stil dieser Epoche. Außer zur Beobachtung von Pfauen und Wasservögeln eignet er sich zum Flanieren und zur Erkundung der Kasematten, die die Struktur der Verteidigungsanlage erklären. In den unterirdischen Gängen sind zudem Exponate in Vitrinen ausgestellt, die weit in die Vergangenheit weisen: Rüstungen, Waffen und riesige Gewehre zeigen, wie man sich in früheren Zeiten gegen ungebetenen Besuch wehrte. Auf dem Bauch liegend, zielte man für den Angreifer unsichtbar durch Schießscharten. Dass der ganze Aufwand überhaupt als notwendig erachtet wurde, liegt daran, dass die Gegend immer wieder vom weltpolitischen Geschehen touchiert wurde. Etwa nach dem Westfälischen Frieden von 1648, der nicht verhindern konnte, dass der Krieg zwischen Spanien und Frankreich noch weitere elf Jahre andauerte. Für Spanien war es wichtig, die Spanische Straße durch Truppen etwa in Jülich zu sichern. Sie war ein Handelsweg, der Oberitalien und die zum Ende des Dreißigjährigen Kriegs zu Spanien gehörenden Niederlanden miteinander verband.

Pulverfläschchen mit Elfenbeinintarsien

Mit seiner Schatzkammer führt das Museum in die Kulturgeschichte von Renaissance und Barock, mit der Stadthistorischen Sammlung zu den Höhen der niederrheinischen Textilindustrie und in die Tiefen des Nationalsozialismus in jenen Städten, die in den Siebzigerjahren zum heutigen Mönchengladbach verschmolzen wurden: Mönchengladbach, Rheydt und die im Kreis Grevenbroich gelegene Gemeinde Wickrath. Jedes Stück erzählt hier eine Geschichte, von den Webstühlen in der Stadtgeschichtlichen Sammlung bis zu den Kostbarkeiten in der Schatzkammer. Ein Pulverdöschen aus dem späten 16. Jahrhundert, das kunstvoll gearbeitet und mit Intarsien aus Elfenbein verziert ist wie eine Schmuckschatulle, und zugleich aber das benötigte Pulver akkurat zu dosieren vermag, zeugt vom hohen Lebensstil seines Besitzers, der damit auf die Jagd ging. Auch eine mit Jagd- und Pflanzenmotiven reich geschmückte Armbrust wurde von einem gut betuchten Jäger genutzt, um kleine Wildtiere zu erlegen.

Das Museum besitzt eine Fülle außergewöhnlicher Exponate und ist auch für Kinder interessant.

Tipp

An der Niers und weiter

Schloss Rheydt liegt im Grünen, es gibt einen kurzen Weg rund ums Schloss sowie einige längere. Entlang der Niers lässt sich außerdem angenehm gehen (oder joggen). Wer länger laufen möchte, erreicht durch niederrheinische Landschaften in 1,5 Stunden den Mönchengladbacher Flughafen.

Als sich die Welt öffnete

Ein Siegelring mit integriertem Kompass – quasi ein frühes Miniatur-Navi – aus dem 16. Jahrhundert belegt, dass Freude an technischen Spielereien schon in der Frühneuzeit Kaufimpulse beförderte. Sogar in besonderem Maß, denn wer es sich leisten konnte, erwarb in der Ära neuer Erkenntnisse und neuen Wissens über die Welt Kurioses und Kostbares, das man bisher nicht gekannt hatte. Das Museum besitzt viele solcher Schätze und präsentiert sie im Stil einer Wunder- und Kunstkammer, wie sie sich betuchte Adelige während der Renaissance einrichteten. Zu ihnen zählen neben vielen anderen Stiche von Albrecht Dürer ebenso wie ein wunderschöner, mit Bäumen und Jagdszenen geschmückter Tiroler Kabinettschrank mit Flügeltüren. Die Sammlung ist außergewöhnlich und durch die unmittelbare Schönheit der Exponate für Kinder ab dem Grundschulalter faszinierend.

Seerosen und Teichrallen gehört der Schlossgraben.

In der Nähe

Gartenkunst im Wasserschloss Wickrath

Neun Kilometer von Schloss Rheydt entfernt wartet mit Schloss Wickrath ein weiteres ansehnliches Wasserschloss mit einem eleganten, von symmetrischen Wasserflächen und -wegen sowie schnurgeraden Alleen geprägten Barock-Park in klassischem französischem Stil. Der formale Garten geht in einen weniger strukturierten Landschaftspark über. Auch das Schloss stammt aus dem 18. Jahrhundert und ersetzte einen mittelalterlichen Vorgängerbau. Der Ostflügel des Schlosses ist Sitz des Rheinischen Pferdestammbuchs, weshalb hier viele Events rund um den Reitsport stattfinden. Schloss Wickrath ist aber auch Schauplatz eines stimmungsvollen Weihnachtsmarkts. Ein Restaurant mit Biergarten ist im Landstallmeisterhaus heimisch (Mo./Di. geschl.).

Schloss-Wickrath 17, 41189 Mönchengladbach

Das schöne Schloss besitzt auch einen prachtvollen barocken Park.

Brücke zum Schloss Wickrath

Gastronomie:

Picknick im Biergarten

Wer beim Picknick auf kühles, frisch gezapftes Bier nicht verzichten mag, erhält im Picknick-Biergarten der Brauerei Bolten Hilfe. Mitgebrachtes darf man essen, Getränke werden serviert. Kleine Speisekarte für Unvorbereitete. Zwei Kilometer von Schloss Rheydt.
Landwirtschaft Picknick-Biergarten, Rheydter Str. 138,
41065 Mönchengladbach, www.bolten-brauerei.de, im Sommer tgl.

Purino

Italienische Küche, sommers auf der Terrasse im Schlosshof oder in der Lounge im Schlossgraben, sonst im Restaurant mit Glasfront.
Schlossstr. 508, 41238 Mönchengladbach,
www.purino.de/restaurants/moenchengladbach-rheydt, tgl.

Rath's Gasthaus & Biergarten

Sehr gute deutsche Küche (Fleisch aus artgerechter Haltung), leckere Pasta und ein hübscher Biergarten 20 Gehminuten vom Schloss entfernt.
Ritterstraße 33, 41238 Mönchengladbach, www.gaststaette-langer.de,
Mo. geschl.

Auf dem Gipfel der Kunst
Museum Abteiberg
und Skulpturengarten
in Mönchengladbach

Seinen Namen verdankt der Abteiberg dem Münster St. Vitus, dem nächsten Nachbarn des Museums, der von 974 bis 1802 das Gotteshaus der hiesigen Benediktinerabtei war. 1984 wurde sie von Papst Paul VI. anlässlich der 1000-Jahr-Feier der Abteigründung zur päpstlichen Basilica minor erhoben. An den Hängen des Abteibergs blüht heute nicht nur die Kunst, sondern auch das Nachtleben. Das Nebeneinander von Kunst und Klosterkirche, von Einkehr und Ausschweifung, visionärer Architektur und historischen Bauten in unmittelbarer Nähe zur modernen Innenstadt macht den Abteiberg besonders spannend.

Der Bau ist selbst das größte Exponat des Museums Abteiberg und eines der wichtigsten Werke des Wiener Architekten Hans Hollein (1934–2014), der auch als Bildhauer und Designer arbeitete und Schöpfer

Anreise Pkw/Parkplatz: AA 61 bis Mönchengladbach-West oder –Holt, von dort Richtung Zentrum; oder A 52 bis Mönchengladbach-Nord und von dort Richtung Zentrum. Das Museum ist ausgeschildert. Parkhaus Q-Park oder Parkhaus Abteiberg (Krichelstr.) nebenan

Anreise mit ÖPNV: Von Mönchengladbach Hauptbahnhof mit Buslinien 003, 008, 009, 023 (Richtung Alter Markt) bis Abteiberg

Besonderheiten: Eine der wichtigsten Sammlungen der Kunst seit 1960 in außergewöhnlicher Architektur; weitere eindrucksvolle Werke im Skulpturengarten sowie im nahen Abteigarten

Das Museum ist selbst das größte Exponat. Vorn im Bild die „Spitzen und Kurven“ von Alexander Calder (1970)

mehrerer internationaler Museumsbauten war, darunter das Museum für Moderne Kunst in Frankfurt, aber auch Ausstellungsgebäude in Österreich, Frankreich und im Iran (Teheran). Von 1967 bis 1976 war Hollein Professor für Baukunst an der Düsseldorfer Kunstakademie, war mit dem Rheinland also bereits vertraut. Er realisierte hier seine Vision eines überwachsenen Baus am Hügel, den der Besucher über eine Brücke vom Dach aus betritt und seine Reise durch die Kunst der Moderne und der Gegenwart vom Foyer aus nach unten antritt. Einige Ausstellungsräume liegen sogar ganz unter der Erde.

Ein Kunstobjekt als Museum

Das Gebäude zählt zu den ersten der internationalen Postmoderne und bietet so einen perfekten Rahmen für die herausragende Sammlung von Kunst des 20. und 21. Jahrhunderts. Geplant und erbaut wurde es von 1972 bis 1982, zur Eröffnung erschien auch Holleins Förderer Joseph Beuys. Von Anfang an galt das Museum selbst als Kunstwerk und begründete den Trend, Kunst in architektonischer Kunst unterzubringen. Frank Gehry meinte einmal bewundernd, ohne das Museum Abteiberg habe er das Guggenheim-Museum im nordspanischen Bilbao nicht erschaffen können – oder zumindest nicht so, wie es ist. Das Museum Abteiberg wurde mit dem wichtigen Architekturpreis „Pritzker Award“ ausgezeichnet und machte

Mönchengladbach zum Ziel für Kunstliebhaber aus der ganzen Welt. Sein Innenleben prägen diagonale Perspektiven, die den Blick auf mehrere Kunstwerke zugleich öffnen. So wirken sie in unterschiedlichen Zusammenhängen und Spannungsfeldern. 2016 wurde es als „Museum des Jahres" ausgezeichnet, seit 2017 wird der berühmte Bau trotz seiner Jugend mit seinem Garten als Denkmal geschützt.

Superstars des 20. und 21. Jahrhunderts

Andy Warhol greift zur Kamera.

Gerhard Richter, Martin Kippenberger, Sigmar Polke, Andy Warhol, Richard Serra und Joseph Beuys sind nur einige der Künstler von Weltrang, deren Werke hier zu sehen sind. Dass ein Museum in einer niederrheinischen Großstadt eine solche Sammlung aufbauen konnte, verdankt sich natürlich nicht nur dem Museumsbau – der wurde schließlich notwendig, um eine bereits außergewöhnliche Sammlung, die zuvor im Oskar-Kühlen-Haus untergebracht war, angemessen präsentieren zu können. Sie entstand zu Beginn des 20. Jahrhunderts und war zunächst auf Kunstgewerbe, Naturgeschichte und die Kunst des Expressionismus spezialisiert. Als die Expressionisten nach dem Zweiten Weltkrieg sehr teuer wurden, konzentrierte man sich auf zeitgenössische Kunst. Junge Künstler erhielten hier die Chance, ihre Werke auszustellen, und das Museum konnte einige dieser Arbeiten erwerben. So erhielt die Düsseldorfer Künstlergruppe „Zero" hier ein Forum. Zugleich erhielt das Museum prominente Dauerleihgaben. Die expressionistische Sammlung umfasst heute unter anderem die „Landschaft mit Regenbogen" von Franz

Marc, „Mutter und Kind" von Max Pechstein, die „Dame mit blauem Hut" von Alexej von Jawlensky und Ewald Matarés „Große liegende Kuh" von 1930. Aus der ersten Hälfte des 20. Jahrhunderts stammen auch Fotografien von Man Ray. Die Ära ab den Sechzigerjahren ist unter anderem durch Günther Uecker und Heinz Mack vertreten, Pop Art durch Roy Liechtenstein, George Segal und Andy Warhol. Geschmälert wird der Kunstgenuss gelegentlich durch überambitionierte Wärterinnen, die den Besuchern buchstäblich in den Nacken atmen – zumindest, wenn sie Kinder dabei haben, und seien diese auch noch so gut gesichert.

Einst Kloster-, heute Skulpturengarten: Mönchengladbachs Herz verbindet Kunst und Natur.

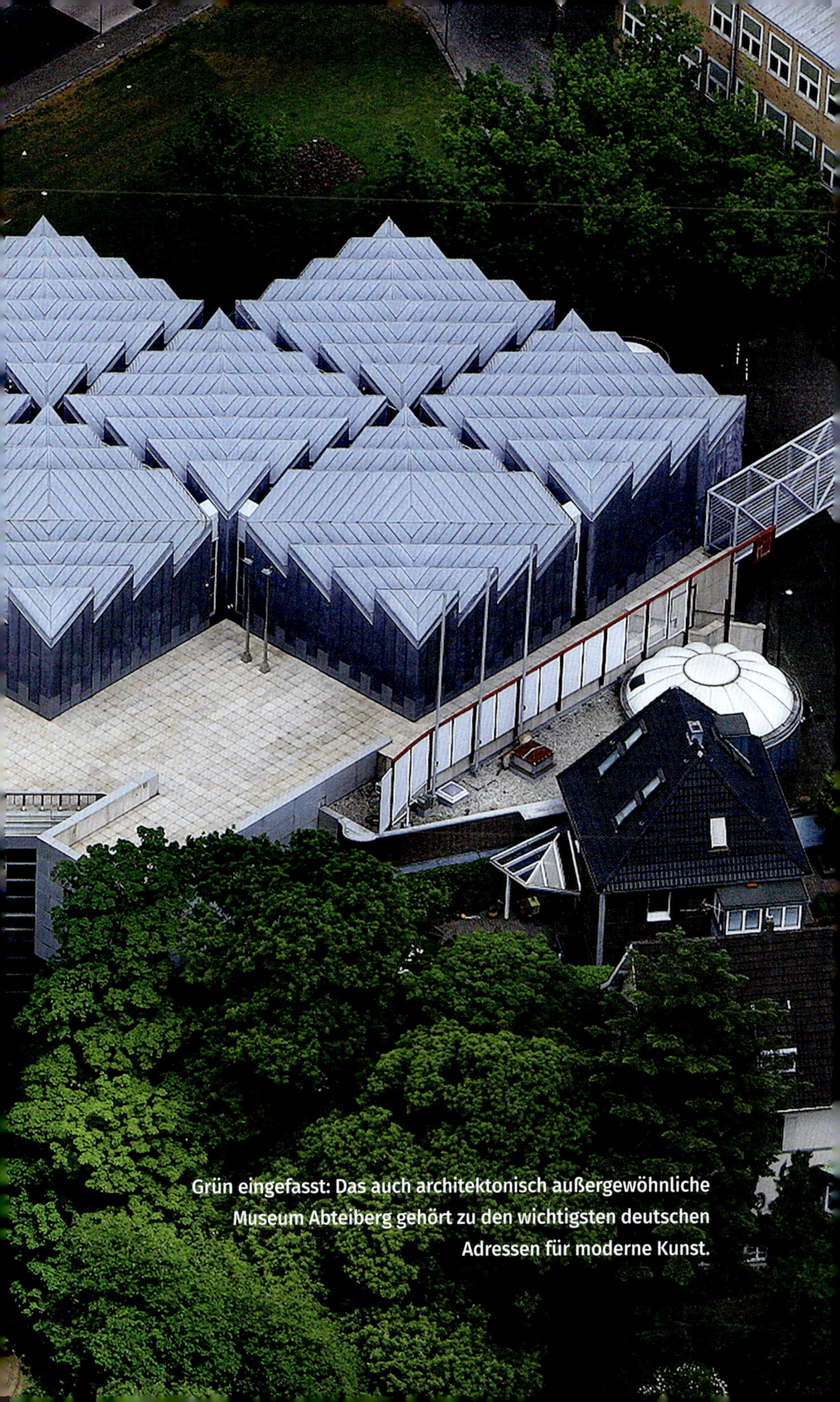

Grün eingefasst: Das auch architektonisch außergewöhnliche Museum Abteiberg gehört zu den wichtigsten deutschen Adressen für moderne Kunst.

Kunst im ehemaligen Klostergarten

Mehr Freiraum bietet der Skulpturengarten. Seit 2002 bietet er im ehemaligen Obstgarten der alten Abtei die Möglichkeit zur Kunstbetrachtung unter freiem Himmel. Schon Architekt Hollein hatte die „Reisterrassen" im oberen Teil des Klostergartens angelegt, auf denen seit 1982 Skulpturen von Anatol Herzfeld, Claes Oldenburg, Guiseppe Penone und Bernhard Luginbühl platziert sind. Der untere Teil war bereits in den Siebzigerjahren in neobarockem Stil gestaltet worden. Die dezentrale Landesgartenschau Euroga bot die Chance, ein halbes Dutzend Skulpturen zu erwerben und den Pfarrgarten des Münsters einzubeziehen. Alte Kastanien und Blutbuchen teilen sich den Klostergarten seither unter anderem mit einer knapp drei Meter großen Kugel von François Morellet, dem aus zwei rosafarbenen und blauen Glas-Kuben bestehenden „Arolsen-Piece" des Minimalkünstlers Larry Bell und der pinkfarbenen Skulptur „Flause" von Franz West.

Der Skulpturengarten eignet sich auch zur Erfrischung.

Brunnen im Skulpturengarten Abteiberg

Die Kunst strahlt übers Museum hinaus

Über Treppen und Wege führt der Garten den Hang hinab in Richtung innerstädtischer Realität. Die Stadt Mönchengladbach versucht bereits seit einiger Zeit, mit der Strahlkraft der Kunst des Museums Abteiberg auch der Umgebung zu mehr Glanz zu verhelfen. So stehen auch außerhalb des Museums Skulpturen von Thomas Rentmeister, Alexander Calder, Daniel Pflumm, Ulrike Möschel, Christian Odzuck und Tanja Goethe. Sie verbinden das Museum mit dem nicht weit entfernten Hans-Jonas-Park, wo sich die Kunst im öffentlichen Raum fortsetzen soll. Nachdem der kleine, aber dicht begrünte Park vernachlässigt wirkte und auch aufgrund seiner Dunkelheit kaum genutzt wurde, wird er 2021 umgestaltet, so dass er heller und besser einsehbar wird. Neben Kunstobjekten, wie sie im Park bereits zu finden waren, soll eine Bühne künftig für kulturelles Leben sorgen. Bislang schaut der in Mönchengladbach geborene Philosoph Hans Jonas, der hier mit wehendem Mantel auf einem Sockel steht, nachdenklich zu. Vielleicht, weil er bereits zwischen 2012 und 2014 im Mittelpunkt eines Kunstprojekts stand, mit dem der Park aufgewertet werden sollte. Dabei wurde sein Denkmal Teil einer temporären Installation des 1961 geborenen Künstlers Andreas Siekmann. Nun soll eine komplette Neugestaltung die Wende für den Park bringen.

Museum Abteiberg, Abteistr. 27 / Johannes-Cladders-Platz, 41061 Mönchengladbach, www.museum-abteiberg.de, Mo. geschl.

In der Nähe

Bunter Garten

Fünfzehn Gehminuten vom Abteiberg entfernt entfaltet der Bunte Garten, zu dem auch ein Botanischer Garten gehört, auf einer Fläche von 30 Hektar die ganze Pracht einer englischen Parkanlage. Seine ältesten Bäume stammen aus der Gründerzeit des Kaiserparks im Jahr 1890; zu ihnen zählen etwa bildschöne Blutbuchen. Seither wurde er mehrmals erweitert und besteht heute aus drei Bereichen, dem Kaiserpark, dem Botanischen Garten und dem Bunten Garten. Im Frühling und Frühsommer bieten die Blütenfluten seiner Azaleen und Rhododendren einen spektakulären Anblick. Kräuter-, Stein- und Apothekergarten, eine Voliere mit mehr als zweihundert einheimischen und tropischen Vögeln – darunter ein sprechender Beo – ein Spielplatz und ein Ballspielplatz mit Basketballanlage sowie zahlreiche Freizeitmöglichkeiten (Minigolf, Tennis, Joggingwege) machen ihn zur echten Großstadt-Oase. Außergewöhnlich ist auch der Duft- und Tastgarten für Menschen mit Sehbehinderung. Außer Pflanzen und Vögeln zieren die Anlage auch zahlreiche Skulpturen wie die „Erdkugel" von Sandra Robertz. Die Grünflächen sind ohne Restriktionen (außer vernunftgegebenen) nutzbar – Picknicken, Sonnenbaden und Träumen ist ausdrücklich erlaubt.

Der Bunte Garten ist – wie auch die Parks von Schloss Moyland, Schloss Rheydt und Schloss Benrath, der Forstgarten und das Amphitheater in Kleve, der Düsseldorfer Hofgarten, der Terrassengarten von Kloster Kamp, die Gärten der Häuser Lange und Esters sowie die Grünflächen von Schloss Dyck – Teil der „Straße der Gartenkunst zwischen Rhein und Maas".

Bettrather Straße, 41061 Mönchengladbach

St. Vitus wacht über dem Abteiberg.

Gastronomie:

St. Vith
Bier und Brauhausküche sind im ältesten Restaurant der Stadt eine wunderbare Freundschaft eingegangen. Schöne Terrasse.
Alter Markt 6, 41061 Mönchengladbach, stvith.de, So.-Di. geschl.

Brasserie Gero
Gute, französisch geprägte Küche und freundliche Atmosphäre 300 Meter vom Museum entfernt.
Weiherstr. 51, 41061 Mönchengladbach, www.brasserie-gero.de, Mo./Di. geschl.

Biergarten Haus Erholung
Biergarten im Grünen mit Selbstbedienung zwischen Museum Abteiberg und Hans-Jonas-Park.
Johann-Peter-Boelling-Platz 1, 41061 Mönchengladbach, hauserholung.de, tgl.